DEUTSCHES INSTITUT FÜR WIRTSCHAFTSFORSCHUNG

BEITRÄGE ZUR STRUKTURFORSCHUNG HEFT 144 · 1993

Bernd Bartholmai

Modellrechnung zu den steuerlichen Effekten des Wohnungsbaus mit Bezug auf globale Ergebnisse der Einkommensteuerstatistik

DUNCKER & HUMBLOT · BERLIN

Vorwort

Die vorliegende Untersuchung wurde durch einen Forschungsauftrag des Ministeriums für Bauen und Wohnen des Landes Nordrhein-Westfalen ermöglicht. Sie wurde bereits 1991 abgeschlossen und zunächst als Manuskript vervielfältigt. In der vorliegenden Fassung sind einige textliche Ergänzungen vorgenommen worden.

Herausgeber: Deutsches Institut für Wirtschaftsforschung, Königin-Luise-Str. 5, D-14195 Berlin
Telefon (0 30) 82 99 10 — Telefax (0 30) 82 99 12 00
Schriftleitung: Dr. Bernhard Seidel
Verlag: Duncker & Humblot GmbH, Carl-Heinrich Becker-Weg 9, D-12165 Berlin.
Druck: 1993 bei ZIPPEL-Druck, Oranienburger Str. 170, D-13437 Berlin
Printed in Germany
ISBN 3-428-07838-1

Inhaltsverzeichnis **Seite**

1.	Untersuchungsgegenstand und methodischer Ansatz	7
1.1	Fragestellung und Ziele	7
1.2	Schritte der Analyse: Modellrechnungen und Datenbasis	11
2.	Ergebnisse der Einkommensteuerstatistik für die Jahre 1977 bis 1986 und Anmerkungen zur steuerlichen Wohnungsbauförderung	17
2.1	Mietobjekte im Eigentum natürlicher Personen	17
2.2	Einkünfte und Absetzungsbeträge für vermieteten sowie für eigengenutzten Wohnraum	19
2.2.1	Fälle mit positiven Einkünften	19
2.2.2	Fälle mit Verlusten - Nutzungswertbesteuerung und Überschußrechnung	21
2.3	Zum Begriff der steuerlichen Wohnungsbauförderung	25
3.	Ergebnisse der Modellrechnungen	30
3.1	Blockstruktur des Modells	30
3.2	Steuerrechtsänderungen seit 1978	31
3.3	Zur Berechnung der Zinszahlungen	37
3.4	Zusammengefaßte Ergebnisse für alle Baualtersgruppen	41
3.4.1	Steuerliche Einkünfte insgesamt und Bereich der Vermietung	41
3.4.2	Eigengenutzter, pauschalbesteuerter Bereich	51
3.5	Ergebnisse der Berechnungen für den Zeitraum 1978 bis 1986	56
3.5.1	Hinweise zur Methode	56
3.5.2	Steuerlich relevante Einkünfte im Jahre 1986	58
4.	Zusammenfassung	67
Anhang:	Statistische Ausgangsdaten über Struktur und Veränderung des Wohnungsbestandes sowie über Mieterträge und Aufwendungen	71
	Erläuterungen zu den Tabellen im Anhang	72

Tabellenverzeichnis **Seite**

Tabelle 1	Einkünfte der einkommensteuerpflichtigen natürlichen Personen	20
Tabelle 2	Schätzungsweise Aufteilung der steuerbaren positiven Einkünfte und der Verluste aus Vermietung auf die Bereiche eigengenutzter Wohnraum und Vermietung privater Haushalte	22
Tabelle 3	Die wichtigsten steuerlichen Regelungen für den Wohnungsbau und deren Änderung von 1978 bis 1986	32, 33
Tabelle 4	Vergleich von Wohnungsbaukrediten und Bauleistungen nach Baualtersgruppen der Wohngebäude	39
Tabelle 5	Steuerlich relevante Einkünfte aus Vermietung und Verpachtung von Wohngebäuden nach Baualtersgruppen - Entwicklung von 1977 bis 1986	44
Tabelle 5.1	Wohngebäude aus der Zeit vor 1949	44
Tabelle 5.2	Wohngebäude von 1949 bis 1968 errichtet	45
Tabelle 5.3	Wohngebäude von 1969 bis 1977 errichtet	46
Tabelle 5.4	Wohngebäude von 1978 bis 1986 errichtet	47
Tabelle 5.5	Wohngebäude alle Baualtersklassen	48
Tabelle 6	Daten zur Eigentumsförderung	55
Tabelle 6.1	Inanspruchnahme der steuerlichen Eigentumsförderung laut Einkommensteuerstatistik	55
Tabelle 6.2	Vergleich der Fallzahlen (Steuerpflichtige) und der Objekte (Neubau und Erwerbsfälle)	55
Tabelle 7	Ergebnisse der Modellrechnungen für den Zeitraum 1978 bis 1986	61
Tabelle 7.1	Steuerlich relevante Einkünfte 1986	61
Tabelle 7.2	Steuerlich relevante Einkünfte je Wohneinheit 1986	62
Tabelle 7.3	Bruttomieten 1986	63
Tabelle 7.4	Nettomieten 1986	64
Tabelle 7.5	Abschreibungen 1986	65
Tabelle 7.6	Geleistete Zinsen 1986	66

Verzeichnis der Tabellen im Anhang

Tabelle I	Wohnungsbestand und Mieten nach Baualtersgruppen im Jahre 1978 - korrigierte Ergebnisse der 1 % Wohnungsstichprobe 1978.	74
Blatt 1:	- bis 1948 errichtete Gebäude	74
Blatt 2:	- 1949 bis 1968 errichtete Gebäude	75
Blatt 3:	- 1969 bis 1978 errichtete Gebäude	76
Blatt 4:	- vor 1979 errichtete Gebäude	77
Tabelle II	Wohnungsbestand und Mieten nach Baualtersgruppen im Jahre 1978 - Ergebnisse der Gebäude und Wohnungszählung 1987	78
Blatt 1.	- bis 1948 errichtete Gebäude	78
Blatt 2:	- 1949 bis 1968 errichtete Gebäude	79
Blatt 3:	- 1969 bis 1978 errichtete Gebäude	80
Blatt 4:	- vor 1978 errichtete Gebäude	81
Blatt 5:	- 1979 und später errichtete Gebäude	82
Blatt 6:	- Wohngebäude insgesamt 1987	83
Tabelle III	Bautätigkeit 1978 bis 1986 - Baugenehmigungen und Bewilligungen im sozialen Wohnungsbau	84
Tabelle IV	Vergleich von Daten zur Bautätigkeit und zum Wohnungsbestand aus den Jahrgängen nach 1978	85
Tabelle V	Entwicklung der Bruttomieten nach Baualtersgruppen	86
Blatt 1:	Bruttomieten im Jahre 1978	86
Blatt 2:	Bruttomieten im Jahre 1987	87
Tabelle VI	Nichtlandwirtschaftliche Wohngebäude mit Angaben über ...	88
Blatt 1:	jährliche Aufwendungen je Gebäude	88
Blatt 2:	Mieteinnahmen je Gebäude im Jahre 1978	89

Tabelle VII	Brutto/Nettomieten hochgerechnet mit der Gesamtzahl der bewohnten Mietwohnungen im Jahre 1978	90
Tabelle VIII	Entwicklung ausgewählter Positionen der jährlichen Aufwendungen bei Wohnungsvermietung von 1978 bis 1987	91
Tabelle IX	Modernisierung und Instandsetzung von Wohngebäuden im Zeitraum 1972 bis 1978	92
Tabelle X	Berechnungen zum Wohnungsbauvolumen - Struktur von Wohnungsbauleistungen	93
Tabelle XI	Kreditvergabe für den Wohnungsbau seit 1978	94
Tabelle XII	Entwicklung der Kreditbestände auf Wohngrundstücke	95

1. Untersuchungsgegenstand und methodischer Ansatz

1.1 Fragestellung und Ziele

Der Wohnungsbau ist ein Bereich, der ohne staatliche Interventionen und ohne staatliche Förderung nicht auskommt. Es gehört zu den gesellschaftlichen und sozialstaatlichen Aufgaben, am Wohnungsmarkt eben nicht allein das freie Spiel der Kräfte walten zu lassen. In gewissem Maße ist die Verpflichtung, für ein ausreichendes Wohnungsangebot zu sorgen, mit den klassischen öffentlichen Aufgaben im Bereich der Infrastruktur und den Aufgaben im Bereich der sozialen Sicherung vergleichbar. Das Erfordernis staatlicher Hilfen für den Wohnungsneubau ergibt sich aus zwei Besonderheiten des Gutes Wohnung: Einmal der Langlebigkeit - die gewöhnliche Nutzungsdauer wird mit 100 Jahren veranschlagt - zum anderen die Tatsache, daß der Baupreisanstieg regelmäßig die allgemeine Preissteigerungsrate übertrifft - dies belegt jeder langfristige Vergleich. Aus beiden Gründen kann die an sich erforderliche Kostenmiete neuer Wohnungen am Markt nur in Ausnahmefällen realisiert werden, da sie viel höher ist als das durchschnittliche Mietenniveau, das in starkem Maße von einem großen Bestand älterer Wohnungen bestimmt wird, für die dabei längst auskömmliche Renditen anfallen. Folgerichtig ist es die wesentliche Aufgabe der Wohnungspolitik, mittels direkter oder indirekter staatliche Hilfen, die Lücke zwischen Kostenmieten und tatsächlich erzielbaren Mieten - die für jeden neuen Baujahrgang auf Jahre hinaus besteht - zu schließen. Dafür gibt es zwei Wege:

- Den Einsatz von Haushaltsmitteln, indem unmittelbar verbilligte Darlehen oder aber Zuschüsse zu den Kosten von Kapitalmarktkrediten gewährt werden;
- Gewährung von Steuervorteilen für die Investoren, gleichbedeutend mit Steuerverzichten, d.h. Mindereinnahmen bei den öffentlichen Haushalten.

Das Instrumentarium, das auf beiden Wegen eingesetzt wird, ist bekannt. Schwer verständlich ist die seit einiger Zeit in der politischen Diskussion zu verzeichnende Akzentverschiebung in dem Sinne, daß nur die direkten Hilfen als Subventionen zu zählen seien, während die steuerliche Seite nicht beachtlich sei: Da alle Bauinvestitionen ähnlich gefördert würden, sei der Wohnungsbau kein Ausnahmebereich. Mit anderen Worten: Hier handele es sich um "normales Marktgeschehen", dort um "besondere Staatsaktivität".

Abgesehen davon, daß es für den Wohnungsbau doch einige steuerliche Besonderheiten gibt, scheint es richtiger, sowohl das Angebot im Bereich direkter Förderung als auch die durch steuerliche Rahmensetzungen geschaffenen indirekten Hilfen zur Finanzierung als Staatsaktivität zu werten. In beiden Fällen gibt es für die staatlichen Offerten einen Markt und keineswegs eine

Reglementierung, indem die angesprochenen Investoren ja letztlich frei entscheiden können, welche der Hilfen sie in Anspruch nehmen; teilweise wird auch eine Kombination gewählt.

Der statistische Informationsstand über Inanspruchnahme und Kosten der direkten Förderung ist als gut zu bezeichnen. Die Daten der Bewilligungsstatistik für den sozialen Wohnungsbau belegen jährlich die Förderungsmaßnahmen nach Zahl und Art, sowie Baukosten und Finanzierungsstruktur unter Berücksichtigung der Finanzhilfen.

Daten über die steuerlichen Effekte des Wohnungsbaus sind hingegen in der amtlichen Statistik nur unzulänglich erfaßt; auch in den finanzpolitisch relevanten Berichten der Bundesregierung - Subventionsberichte, Finanzberichte des BMF - werden nur Teilbereiche analysiert. Es ist unbestreitbar, daß die Wirkungen steuerlicher Instrumente zur Förderung des Wohnungsbaus weit stärker ins Gewicht fallen als der Finanzaufwand für direkte Förderungsmaßnahmen; dennoch ist der - über viele Baujahrgänge kumulierte - Effekt "indirekter" Förderungsmaßnahmen, der die Einnahmenseite des Staatshaushalts betrifft, eigentlich eine unbekannte Größe.

Zwar wird bei jeder staatlichen Maßnahme - z.B. Verbesserungen der degressiven Gebäude-AfA, wie sie erst vor wenigen Jahren beschlossen worden sind - vom Finanzministerium stets eine Kalkulation zu den erwarteten Kosten bzw. eine Steuerausfallschätzung für einige Jahre (Zeitraum der mittelfristigen Finanzplanung) erstellt, jedoch bergen diese Berechnungen stets große Unsicherheiten: Die Annahmen zum "Mengengerüst" (Zahl und Kosten der Baumaßnahmen) können durch das tatsächliche Investorenverhalten sowie Preisentwicklungen am Baumarkt etc. rasch überholt werden. Spätere Überprüfungen im Sinne einer retrospektiven empirischen Kalkulation sind nicht üblich. Ein Grund dafür mag auch darin liegen, daß der Subventionsbegriff im Hinblick auf die steuerlichen Instrumente umstritten ist.

Die einzigen Informationen, wenn auch wenig differenziert und sehr spät, sind der Statistik über die Steuern vom Einkommen zu entnehmen. Deren Ergebnisse sind in starkem Maße interpretationsbedürftig, denn das statistische Material zur Lohn-, Einkommen- und Körperschaftsteuer läßt nur in Teilen Schlüsse über die Art der begünstigten Objekte bzw. die Absetzungen für

- Gebäude - Abschreibung (Herstellungs- bzw. Anschaffungskosten),
- Schuldzinsen und sonstigen Finanzierungsaufwand,

- Modernisierung und Instandsetzung (Erhaltungsaufwand)

zu, weil die Erfassung auf Steuerpflichtige (natürliche Personen und Körperschaften[1]) bzw. Veranlagungsfälle (Einzelpersonen, Ehepaare, Personengemeinschaften) zugeschnitten ist.

Aus der **Einkommensteuerstatistik** (im engeren Sinne), die in einem dreijährigen Turnus erstellt wird, erhält man Informationen über die steuerpflichtigen natürlichen Personen und deren Einkünfte nach Arten. Hier interessiert die Einkunftsart Vermietung und Verpachtung, wobei mit Sicherheit anzunehmen ist, daß der weitaus überwiegende Teil aller erzielten Einkünfte auf Wohngebäude entfällt. Seit Jahren ist zu beobachten, daß es eine Gruppe von Steuerpflichtigen gibt, die in diesem Bereich positive Einkünfte erzielen - zuletzt (1986) 2,2 Mill. Fälle, deren Einkünfte sich auf knapp 17 Mrd DM beliefen -, daneben eine doppelt so große Gruppe, von der Verluste geltend gemacht werden. Deren Verlustbeträge summierten sich 1986 auf rund 50 Mrd DM.

Zu berücksichtigen ist, daß es sich bei den genannten Summen sowohl bei den Veranlagten mit positiven Einkünften, wie bei den Veranlagten mit Verlusten aus dieser Einkunftsart, bereits um saldierte Ergebnisse aus Erträgen und Aufwendungen für die von diesen Personen gehaltenen Objekte handelt. Das generelle Ziel der vorliegenden Untersuchung wird also darin gesehen, durch Bezugnahme auf andere Statistiken - Bautätigkeit, Gebäudebestand, Kreditvergabe - mit Hilfe von Modellrechnungen eine Aufschlüsselung der Finanzströme vorzunehmen, die die in der Einkommensteuerstatistik beobachteten Ergebnisse hervorbringen.

Die wichtigsten Befunde aus dem Vergleich der Einkommensteuerstatistiken von 1977 bis 1986 waren, daß

- die Einkunftsbeträge der Veranlagten mit positivem Ergebnis (Überschuß der Mieten gegenüber den Aufwendungen) einen moderaten Zuwachs aufweisen, der in einem engem Zusammenhang zum Preisanstieg der Wohnungsmieten steht,
- die per Saldo resultierenden Verlustbeträge für die übrigen mit dieser Einkunftsart Veranlagten hingegen rapide zugenommen haben.

---

[1]Da die Zahl der Wohnungen, die von steuerpflichtigen Unternehmen gehalten werden, relativ gering ist, soll die Untersuchung vorwiegend den Berichtskreis der Einkommensteuer beleuchten.

Dies legt die Vermutung nahe, daß es sich einerseits vorwiegend um die Vermietung *älterer Wohngebäude* handelt, die weitgehend entschuldet sind, und für die auch die steuerliche Abschreibung kaum noch ins Gewicht fällt[2]. Andererseits dürften die Verluste vorwiegend dem Bereich *eingengenutzter Wohnungen* (bei dem keine echten Erträge anfallen) oder dem Bereich *neuerer Mietwohnungen* zuzurechnen sein, für die anfangs hohe Aufwendungen -insbesondere aus der degressiven Abschreibung und aus Schuldzinsen für die Finanzierung - geltend gemacht werden.

Auf die letztgenannten Bereiche zielt die Ausgestaltung bestimmter steuerlicher Regelungen, die eine Förderung des Wohnungsbaus bewirken sollen. Diese Förderung folgt stets dem Schema, mittels überhöhter Absetzungen eine Gestaltung von Verlusten zuzulassen, die der Investor mit anderen Einkünften verrechnen kann, um so im Gesamtergebnis der Besteuerung eine Entlastung zu erzielen. Der beobachtete Anstieg des Gesamtbetrages der Verluste aus Vermietung war jedoch seit 1977 so stark, daß die beabsichtigte Förderung des Neubaus allein nicht die Ursache sein kann.

Das vorrangige Ziel der Untersuchung liegt also darin, die erstaunliche Dynamik auf der Verlustseite der steuerlichen Einkünfte zu erklären. Dabei kommen drei Ursachen infrage, deren Rangfolge bislang kaum beurteilt werden kann:

- Wohnungsneubau: Anstieg der Absetzungsbeträge für AfA, Schuldzinsen und Bauzeit-Werbungskosten;
- Modernisierung und Instandsetzung: rapide steigender Erhaltungsaufwand;
- Neuverschuldung und höhere Basiswerte für die Gebäude-Abschreibung infolge zunehmender Immobilienumsätze.

Wenn es gelingt, die Eckwerte der Einkommensteuerstatistik über einen längeren Zeitraum durch die angebotsseitigen Bedingungen - Baukosten, Finanzierung, steuerliche Regeln - des Wohnungsbaus zu erklären, sind zwei Probleme gelöst:

- Zum einen erhält man eine kausale Zuordnung der bei Subjekten der Besteuerung erhobenen steuerlichen Daten zu den Objekten der Investitionstätigkeit. Dies bedeutet zugleich eine zeitliche Aufschlüsselung; der beobachtete Gesamteffekt kann einzelnen Baujahrgängen bzw. -

[2]Diese Annahme trifft S. Brenke, vgl. "Fiskalische Wirkungen auf den Wohnungsmarkt im Neubau und Bestand", in: Bauwelt, Heft 12/1988.

altersklassen zugeordnet werden.

- Zum anderen ergibt sich so die Möglichkeit einer fundierten Fortschreibung oder Vorausschätzung der Ergebnisse, indem die neuere oder künftig erwartete Entwicklung des Baus und Erwerbs von Wohngebäuden in die Betrachtung einbezogen wird.

Darüberhinaus sind wichtige Aufschlüsse über die Wirkungen und Inanspruchnahme einzelner Instrumente zu erwarten. In diesem Zusammenhang ist es von Vorteil, daß hier alle verfügbaren empirischen Daten in die angebotsseitigen Berechnungen einfließen. So kann z.B. eine Zurechnung steuerlicher Verluste nach Komponenten - erhöhte Abschreibung, normale Werbungskosten, Finanzierungsaufwand - vorgenommen werden. Derartige Ergebnisse können auch für eine sachliche Diskussion der Begriffe "Steuervergünstigungen" und "steuerliche Förderung" hilfreich sein. Dies gilt auch für Bewertungen und Abwägungen im Verhältnis zur direkten Wohnungsbauförderung.

1.2 Schritte der Analyse: Modellrechnungen und Datenbasis

Berechnungen über die Größenordnung der finanziellen Wirkungen steuerlicher Instrumente des Wohnungsbaus liegen bisher vorwiegend in exemplarischer Form vor. Die gesamten Wirkungen verschiedener Regelungen und deren kumulativer Effekt im Zeitablauf sind hingegen weitgehend unbekannt. Mit der vorliegenden Untersuchung ist der Versuch unternommen worden, diese Erkenntnislücke zu schließen. Im Vordergrund stehen Modellrechnungen, die den Wohnungsneubau bis zum Jahre 1986 betreffen. Deren Ergebnisse sind für das Stichjahr 1986 in den Tabellen 7.1 bis 7.6 dargestellt worden. Darüber hinaus sind ergänzende Berechnungen zum Erhaltungsaufwand des älteren Wohnungsbestands sowie für neue Abschreibungen infolge des Eigentümerwechsels bei Wohngebäuden vorgenommen worden.

Als Mengengerüst dienten die verfügbaren Daten über den Wohnungsbestand und die Bautätigkeit. Die Beschränkung des betrachteten Zeitraums ergibt sich daraus, daß Ergebnisse der Einkommensteuerstatistik zuletzt für 1986 verfügbar sind. Aus der Gebäude- und Wohnungszählung 1987 lagen differenzierte Ergebnisse zum Gebäudebestand nach Altersklassen und Eigentümergruppen vor.

Als Vorarbeiten und methodische Grundlagen für diese Untersuchungen sind insbesondere zu nennen:

- Der "Instrumentenbericht" der Bundesregierung aus dem Jahre 1982, in dem detaillierte Modellrechnungen über die Wirkung steuerlicher Regelungen auf einzelne Bereiche des Wohnungsbaus bzw. für Investorengruppen vorgelegt worden sind[3].

- "Die Bedeutung finanzwirksamer Instrumente für den Wohnungsneubau", eine Zusammenfassung und Gewichtung dieser Modellrechnungen anhand der Daten für die Bautätigkeit im Jahre 1980 (in: Wochenbericht Nr. 8/1983 des DIW).

- "Fiskalische Wirkungen auf den Wohnungsmarkt im Neubau und Bestand", (eine Analyse von S. Brenke, veröffentlicht in: Bauwelt, Heft 12/1983).

- "Einkünfte aus Vermietung und Verpachtung - steuerliche Verluste im Wohnungsbau nehmen rasch zu" (in: Wochenbericht Nr. 21/1985 des DIW).

Mit Bezugnahme auf diese Arbeiten wurde zunächst eine Analyse für die gesamte Bautätigkeit im Zeitraum 1978 bis 1986 auf Bundesebene vorgenommen. In einem zweiten Schritt ist versucht worden, die steuerlichen Effekte von Baumaßnahmen und Transaktionen einzugrenzen, die den älteren Bestand an Wohngebäuden betreffen.

Für den Bereich **eigengenutzter Wohnungen,** die unter die pauschalierte Nutzungswertbesteuerung (§ 21a i.V.m. § 7b EStG) fallen, liegen bessere Informationen vor, als für den Mietwohnungsbereich, denn die steuerlichen Verlustbeträge durch Inanspruchnahme der erhöhten Abschreibungen gemäß §7b EStG oder der Absetzungen für bestimmte Modernisierungsmaßnahmen gemäß §82a EStDV werden in der Lohn- und Einkommensteuerstatistik gesondert ausgewiesen[4]. Die daraus resultierenden Steuervergünstigungen -bzw. Steuermindereinnahmen aus der Sicht des Staates - können über den durchschnittlichen Grenzsteuersatz des begünstigten Personenkreises ermittelt werden. Aus dem Vergleich der (Ist-) Ergebnisse laut Einkommensteuerstatistik seit 1977 mit den offiziellen Schätzungen - z.B. im Rahmen der Subventionsberichte oder bei der Umstellung der Besteuerung im Jahre 1986 (vgl. Bundestagsdrucksache 10/3633) sollen insbesondere die Annahmen über die Fallzahlen für Neubau und Alterwerb geprüft werden. Der Anstieg des Alterwerbs kann auch über den Vergleich von

---

[3]Bericht der Bundesregierung über das Zusammenwirken finanzwirksamer, wohnungspolitischer Instrumente. Bundestagsdrucksache 9/1708. Anlaß für diesen Bericht war die damalige Diskussion um ein neues Wohnungsbaugesetz. Im Bundestag war man sich darüber einig, daß zuvor das Nebeneinander von direkter und indirekter Förderung im Wohnungsbau in einer Wirkungsanalyse dargestellt werden sollte.

[4]Die Saldierung von Erträgen und Absetzungen führt in diesem Bereich nur zu einem geringen Informationsverlust, da die Nutzungswerte Bagatellbeträge sind.

wohnungsstatistischen Daten eingegrenzt werden, indem die Bautätigkeitsstatistik im Zeitraum von 1978 bis 1986 den ensprechenden Bestandsdaten aus der Wohnungsstichprobe und der Zählung gegenübergestellt wird.

Daneben gibt es eine große Zahl von Wohnungen, die ebenfalls vom Investor selbst genutzt werden, steuerlich aber eher als **Eigenvermietung** zu bezeichnen wären. Dies sind insbesondere Zweifamilienhäuser und vom Eigentümer genutzte Wohnungen in Mehrfamilienhäusern. Die Tatsache, daß für Zweifamilienhäuser bis zur Neuregelung im Jahre 1987 sehr viel höhere steuerliche Vergünstigungen erzielbar waren, als für Einfamilienhäuser, spiegelt sich in den Daten zur Bautätigkeit deutlich wieder. Seither gingen die Fallzahlen erheblich zurück; auch das Ergebnis der GWZ 1987 deutet darauf hin, daß viele der seit 1978 formell als Zweifamilienhäuser genehmigten Wohngebäude tatsächlich als Einfamilienhäuser genutzt worden sind.

Bei den Gesamtbeträgen, die in der Einkommensteuerstatistik für den **Bereich Vermietung** als steuerbare positive Einkünfte oder (mit anderen Einkünften) ausgeglichene bzw. nicht ausgeglichene Verluste ausgewiesen werden, handelt es sich um Salden aus Mieterträgen und abzugsfähigen Aufwendungen. Zu beachten ist, daß es sich hierbei nicht allein um die Vermietung von Wohnungen bzw. Wohngebäuden[5] handelt. Jedoch gibt es wenig Anhaltspunkte darüber, wie hoch der Anteil ist, der auf gewerblich genutzte Flächen in Wohngebäuden bzw. auf reine Gewerbeobjekte entfällt. Für den Bereich der Wohnungsvermietung liegen aus den Wohnungszählungen und Stichproben verläßliche Daten über die *Brutto-Mieterträge* - teils auch über die Betriebskosten - vor, darüberhinaus kann auch auf jährliche Daten über Mieten, sowie Zinsaufwendungen aus der volkswirtschaftlichen Gesamtrechnung bezuggenommen werden[6]. Der Vergleich der Bruttomieten für korrespondierende Baualtersklassen der Wohngebäude von 1978 (1 %-Wohnungsstichprobe) und 1987 (Gebäude- und Wohnungszählung) ermöglicht eine zuverlässige Darstellung des relativen Mietenanstiegs bei Alt- und Neubauwohnungen, im öffentlich geförderten und freifinanzierten Bereich, sowie nach Gebäudetypen im Gesamtzeitraum (vgl. Tabelle II im Anhang). Die Daten über das jährliche Mietenaufkommen im Rahmen der volkswirtschaftlichen Gesamtrechnung sind lediglich für die Interpolation herangezogen worden.

---

[5]Laut statistischer Abgrenzung: Gebäude, die zu mindestens zwei Dritteln Wohnzwecken dienen.

[6]Vgl.: B. Bartholmai: Einkommen aus Wohnungsvermietung - Ergebnisse der volkswirtschaftlichen Gesamtrechnung, unterteilt für die Bereiche eigengenutzte und vermietete Wohnungen, in DIW-Vierteljahrshefte zur Wirtschaftsforschung Nr. 1-2/1987. N. Hartmann: Wohnungsvermietung nach Eigentümern in den Volkswirtschaftlichen Gesamtrechnungen, in: WISTA 10/1987.

Bei den Darstellungen im Rahmen der volkswirtschaftlichen Gesamtrechnung gibt es bis heute allerdings noch einige Probleme, was die Zurechnung der *Zinsen und Kredite* zu den Teilbereichen Eigennutzung und Vermietung anbetrifft. Deshalb waren weitere Analysen der Kreditstatistik erforderlich. Im DIW lagen für einen langen Zeitraum Untersuchungen über die Struktur der Wohnungsbaufinanzierung vor. Darauf konnten zusätzliche Modellrechnungen gestützt werden, mit denen der Kreditbestand für Mietwohnungen und für den eigengenutzten Bereich eingegrenzt worden ist. Für die neuere Zeit sind teilweise auch direkte Informationen über die Verwendung neu vergebener Wohnungsbaukredite nach Art der Objekte verfügbar.[7]

Darüberhinaus mußte versucht werden, die *Ansätze für Abschreibungen* auf Mietwohngebäude nach steuerlichen Regelungen für einen langen Zeitraum einzugrenzen. Die Ergebnisse der volkswirtschaftlichen Gesamtrechnung sind nicht geeignet, weil dort mit linearen Abschreibungen gerechnet wird, die sich auf eine Nutzungsdauer von 80 bis 100 Jahren beziehen. Stattdessen ist hier - mit Bezug auf die Altersstruktur der Mietwohngebäude und eine Aufschlüsselung der Investitionszeitreihe seit 1950 auf den eigengenutzen und vermieteten Bereich - das steuerlich relevante AfA-Volumen eingegrenzt worden.

Aus der volkswirtschaftlichen Gesamtrechnung erhält man auch eine Information über die Entwicklung der Relation von Brutto- und Nettomieten. Die Größe "Produktionswert" des Sektors Wohnungsvermietung basiert auf wohnungsstatistischen Daten, d.h. den gezahlten Brutto-Kaltmieten für Mietwohnungen. Daraus wird die "Nettowertschöpfung" ermittelt, indem Vorleistungen und Abschreibungen abgezogen werden. Die Abschreibungen (zu Wiederbeschaffungspreisen) werden dabei als Äquivalent für Reinvestitionen angesehen. Diese Annahme ist jedoch sehr problematisch. Nach einer Prüfung wurde hier davon abgesehen, diese Zeitreihen zu verwenden. Stattdessen sind Informationen aus der Wohnungsstichprobe 1978 über den *laufenden Aufwand* für Wohngebäude (bzw. das Verhältnis von Brutto- zu Nettomieten) ausgewertet und fortgeschrieben worden (vgl. die Tabellen VI bis VIII im Anhang).

In einem weiteren Schritt mußte versucht werden, die Aufwendungen für *Modernisierung und Instandsetzung* für den Mietwohnbereich und für eigengenutzte Wohnungen zu unterteilen. Aus steuerlicher Sicht sind die Aufwendungen für eigengenutze, pauschalbesteuerte Objekte (vor allem Einfamilienhäuser und Eigentumswohnungen) normalerweise nicht abzugsfähig (§ 21 a

---

[7] Vgl. hierzu "Aktuelle Tendenzen des Wohnungsbaus und der Wohnungsbaufinanzierung." In: Wochenbericht Nr. 15-16/1988 des DIW.

EStG), während die entsprechenden Aufwendungen für Gebäude, die der Besteuerung nach § 21 (sog. Überschußrechnung) unterliegen, als Erhaltungsaufwand (entsprechend § 11, Abs. 2 EStG) abgesetzt werden können; gewisse Ausnahmen sind in § 82 a und b EStDV festgelegt.

Als Datenbasis konnten hier einerseits Ergebnisse der Bauvolumensrechnung des DIW dienen, in der die jährliche Wohnungsbauleistung nach Neubau und bestandsbezogenen Maßnahmen aufgeschlüsselt wird. Andererseits lagen aus der Wohnungsstichprobe von 1978 Strukturdaten über Modernisierung und große Instandssetzungen nach Gebäudetypen und Baualtersklassen vor (vgl. die Tabelle IX im Anhang). Auf die damals ermittelten Kennziffern über die Modernisierungsintensität nach Baualtersklassen ist eine Fortschreibung gestützt worden, die sich an den laufenden Bauleistungen für bestandsbezogene Maßnahmen orientiert[8].

Erst durch eine Zusammenfassung dieser Analysen zu den drei Themenkomplexen

- Mieterträge (brutto und netto),
- Kredite auf Mietwohngebäude und geleistete Zinsen,
- Gebäudeabschreibung und Absetzungen für Erhaltung

wird der Vergleich mit den Eckwerten der Einkommensteuerstatistik für die Stichjahre 1977, 1980, 1983 und 1986 möglich.

Im wesentlichen besteht der Ansatz aus zwei Schritten: Zunächst sind die nicht- saldierten Positionen für Erträge und Aufwendungen für den Gesamtbestand der Wohnungen für den Ausgangszeitpunkt 1977 geschätzt und für diesen Anfangsbestand fortgeschrieben worden. Von da ab erfolgten jahrgangsweise Modellrechnungen, die sich auf die jeweilige Struktur der Bautätigkeit und das gegebene Kosten- und Zinsniveau stützten. Für diese Vorgehensweise spricht, daß ab 1977 wesentliche Veränderungen der steuerlichen Rahmenbedingungen bzw. des Investorenverhaltens eingetreten sind. Als Stichworte sind zu nennen:

- Wiedereinführung der degressiven AfA für Mietwohngebäude,
- Ausdehnung des § 7b auf den Alterwerb von Eigenheimen bzw. Eigentumswohnungen,
- Aufkommen der Bauherrenmodelle als besondere Finanzierungsform,
- Anstieg des Baus von Zweifamilienhäusern,
- erneute Anhebung der degressiven AfA-Sätze im Jahre 1982.

---

[8]Zu beachten ist, daß die Abgrenzung von Brutto- und Nettomieten, entsprechend der Tabelle VI im Anhang, bereits Aufwendungen für einfache bauliche Instandhaltungsmaßnahmen berücksichtigt.

Für den Wohnungsbestand aus der Zeit vor 1978 waren nur wenige gravierende Änderungen der steuerlichen Rahmenbedingungen zu berücksichtigen. Zu nennen sind insbesondere die degressive Abschreibung für Mietwohngebäude, die 1964 eingeführt worden war, im Jahre 1973 üjedoch ausgesetzt wurde[9]. Auch in der Zeit davor gab es eine erhöhte Abschreibung für Mietwohngebäude: Seit 1953 konnten in den beiden ersten Jahren jeweils 10 vH dann über den restlichen Zeitraum jeweils 3 vH p.a. abgeschrieben werden[10].

---

[9]Mit Ausnahme der öffentlich geförderten Mietwohngebäude, (sofern es sich um steuerpflichtige Investoren handelte), vgl. Steueränderungsgesetz 1973.

[10]Vgl.: Wohnungspolitik nach dem 2. Weltkrieg. Schriftenreihe "Forschung" des BM Bau, Heft Nr. 482. Bearbeitet von GEWOS, Hamburg 1990.

2. Ergebnisse der Einkommensteuerstatistik für die Jahre 1977 bis 1986 und Anmerkungen zur steuerlichen Wohnungsbauförderung

2.1 Mietobjekte im Eigentum natürlicher Personen

Die Einkünfte aus Vermietung und Verpachtung werden im Rahmen des Einkommensteuerrechts auf unterschiedliche Art ermittelt:

- *Gewinnermittlung* für den Bereich der gewerblichen Vermietung von Grundstücken und Gebäuden
- *Überschußrechnung* für die Vermietung von Immobilien, die als Privatvermögen gehalten werden,
- *Pauschalisierung des Nutzungswertes* für Eigenheime und Eigentumswohnungen, die von Eigentumswohnungen, die vom Eigentümer selbst bewohnt werden. (Für diesen Bereich trat 1987 eine Neuregelung inkraft, die aber ähnlich wirkt).

Der erstgenannte Bereich ist von geringer Bedeutung, jedenfalls gilt dies hinsichtlich der Vermietung von Wohnraum. Von 25 Mill. Wohnungen standen 1987 nur eine Million Wohnungen im Eigentum freier Wohnungsunternehmen und sonstiger steuerpflichtiger Unternehmen. Gemeinnützige Unternehmen, Organisationen und Körperschaften verfügten daneben über einen Bestand von 4 Mill. Wohnungen, auf dessen Besteuerung der Staat wegen der besonderen kostenmäßigen und sozialen Bindungen bisher verzichtet hat[11]. Private Haushalte und Personengemeinschaften verfügten über 10 Mill. Mietwohnungen und 9,8 Mill. eigengenutzte Wohnungen. Die Gewichte haben sich auch im Gefolge der Bautätigkeit oder Vermögensumschichtungen in den letzten Jahren nicht wesentlich verschoben, wie es der Vergleich zu den Daten im Jahre 1978 belegt. (Vgl. hierzu die Tabellen I und II im Anhang).

Die Zahl der Mietwohnungen von privaten Haushalten ist nicht unbedingt gleichzusetzen mit derjenigen, die steuerrechtlich unter private Vermögensverwaltung[12] fällt, denn die Vermietung durch private Personen oder Personengesellschaften kann in manchen Fällen durch die Finanzämter als gewerbsmäßig eingestuft werden. Wichtig ist diese Unterscheidung vor allem

[11]Erst infolge der Aufhebung des Wohnungsgemeinnützigkeitsgesetzes im Jahre 1990 werden diese Unternehmen künftig steuerpflichtig.

[12]Abgrenzungskriterien enthalten die Einkommensteuer-Richtlinien in Abschnitt 137. Faktisch sind die Grenzen einer privaten Tätigkeit sehr weit gezogen.

bei der Frage, ob realisierte Veräußerungsgewinne steuerfrei bleiben oder nicht. Der Anteil der Fälle mit gewerblicher Wohnungsvermietung (und damit die Überschneidung zum gewinnbesteuerten Bereich) ist indes recht gering. Es bleibt anzumerken, daß auch eine Einstufung von Einzelpersonen oder Personengemeinschaften als gewerbliche Vermieter nichts daran ändert, daß deren zurechenbare Einkünfte in der Einkommensteuerstatistik erfaßt werden. Nur wenn es sich um die Bildung einer Kapitalgesellschaft (z.B. GmbH) handelt, würden die Einkünfte, die auf eine juristische Person als Organgesellschaft entfallen, stattdessen in der Körperschaftsteuerstatistik erfaßt.

Von größerer Bedeutung ist die Abgrenzung zum Bereich der pauschalierten Nutzungswertbesteuerung. Von den knappp 10 Mill. Wohnungen, die 1987 von den Eigentümern selbst genutzt wurden, befanden sich mehr als 60 vH in Mehrfamilienhäusern oder teilvermieteten Zweifamilienhäusern; diese Wohnungen fielen also steuerlich unter die Überschußrechnung, so daß tatsächlich nur gut 6 Mill. Wohnungen der Nutzungswertbesteuerung unterlagen. Diese Art der Besteuerung lehnte sich an die Überschußrechnung an, hatte aber in Verbindung mit § 7b EStG eigentlich nur die Funktion, für einige Jahre einen Werbungskosten-Abzug einzuräumen, der die Steuerbelastung mindern soll; das aus der Nutzungswertbesteuerung resultierende Steueraufkommen ist gering: Es wird mit 100 Mill. DM pro Jahr beziffert[13]. Von 1987 an ist diese Regelung durch einen Abzugsbetrag bei den Sonderausgaben ersetzt worden; auf den Nutzungswert als "Aufhänger" für Werbungskosten konnte man somit verzichten.

Mehr als die Hälfte des Wohnungsbestandes entfällt auf den privaten Haus- und Grundbesitz, dessen steuerliche Einkünfte als Überschuß der Mieteinnahmen gegenüber den Werbungskosten ermittelt werden; die Vermietung von Gewerberäumen privater Eigentümer fällt ebenfalls unter diese Art der Besteuerung. Mit knapp einem Viertel des Wohnungsbestandes hat auch der nutzungswertbesteuerte Bereich erhebliches Gewicht. Bei der Einkunftsart Vermietung und Verpachtung werden hier per Saldo nur Verluste geltend gemacht.

---

[13]Vgl.: "Instrumentenbericht" a.a.o., S. 19.

2.2 Einkünfte und Absetzungsbeträge für vermieteten sowie für eigengenutzten Wohnraum

Die Ergebnisse der Besteuerung lassen sich für diese beiden Bereiche anhand der Einkommensteuerstatistik nachzeichnen. Sie enthalten auch Erträge aus gewerblicher Wohnungsvermietung von Privaten bis hin zu Personengesellschaften. In der Einkommensteuerstatistik sind alle Lohnsteuerpflichtigen mit Einkünften aus Vermietung und Verpachtung einbezogen, da diese auf jeden Fall veranlagt werden. Lediglich für den Wohnungsbestand rechtlich selbständiger Unternehmen, die körperschaftsteuerpflichtig sind, wäre zusätzlich die Körperschaftsteuerstatistik heranzuziehen[14]. Leider ist die Einkommensteuerstatistik - teils wegen der späten Veranlagung, teils wegen des schwierigen Melde- und Aufbereitungsverfahrens - immer erst spät verfügbar. Besondere Schwierigkeiten gab es bei der jüngsten Statistik für 1986, für die bis Mitte 1991 nur vorläufige Tabellen als Bundesergebnis vorgelegen haben.

2.2.1 Fälle mit positiven Einkünften

Die in Tabelle 1 zusammengestellten Eckwerte zu den Einkünften der steuerpflichten natürlichen Personen für die Jahre 1977 bis 1986 zeigen, daß die Einkunftsart Vermietung und Verpachtung im Rahmen der insgesamt erzielten positiven Einkünfte nur einen bescheidenen Stellenwert einnimmt. Gemessen an der Zahl der Fälle (Veranlagungen aus dieser Einkunftsart, bei denen sich ein Überschuß der Einnahmen über die Werbungskosten ergab), belief sich der Anteil jeweils auf rund 10 vH aller Einkunftsquellen - am Ergebnis (Summe der Einkünfte), gemessen waren es jeweils nur 2 vH (vgl. Tabelle 1).

Immerhin ist die Fallzahl der Veranlagungen mit Überschüssen (bzw. Gewinn) aus Vermietung von 1,63 Mill. im Jahre 1977 bis 1986 auf 2,19 Mill. gestiegen. Aus diesen Zahlen kann nicht ohne weiteres eine Aussage darüber abgeleitet werden, ob sich der Bestand an Gebäuden oder Wohnungen, der die Erträge abwirft, ebenfalls vergrößert hat; denn viele Eigentümer halten mehrere Objekte, außerdem wären Umschichtungen durch Verkäufe und Erbschaften zu berücksichtigen. Allerdings liegt die Vermutung nahe, daß die Zahl derjenigen Gebäude, die hier - im Zuge fortschreitender Entschuldung - hinzugekommen sind, gering gewesen ist.

---

[14]In diesem Zusammenhang kann ein Ergebnis aus der Körperschaftsteuerstatistik 1983 zitiert werden: Für den Wirtschaftsbereich "Grundstücks- und Wohnungswesen" wurden 6 500 Steuerpflichtige genannt, die Einkünfte in Höhe von 1,2 Mrd. DM erzielten.

Tabelle 1

Einkünfte der einkommensteuerpflichtigen natürlichen Personen 1)

Stichjahr der Statistik	1977		1980		1983		1986	
Art der Einkünfte	Fälle in 1000	Einkünfte Mrd. DM	Fälle in 1000	Einkünfte Mrd. DM	Fälle in 1000	Einkünfte Mrd. DM	Fälle in 1000	Einkünfte Mrd. DM
Land- und Forstwirtschaft	238	3,9	347	5,5	423	8,8	435	9,4
Gewerbebetrieb	1642	80,1	1699	95,7	1649	90,1	1748	102,4
Selbständige Arbeit	563	25,7	659	34,1	662	36,0	741	41,0
Nichtselbständige Arbeit	6617	241,5	9025	392,2	10397	491,3	11997	609,6
Kapitalvermögen	1343	7,9	1962	16,2	2219	19,5	2757	25,3
Vermietung und Verpachtung 5)	1633	9,8	1757	11,9	1914	14,3	2191	16,9
Sonstige Einkünfte	1468	4,3	1637	5,8	1923	9,0	2231	11,9
Summe der positiven Einkünfte 2)	13504	373,2	17086	561,4	19188	668,9	22100	816,5
+ hinzuzurechnende Beträge 4)	1	0,1	2	0,1	3	0,3	.	.
- abzusetzende Beträge 4)	1150	2,8	1351	3,7	1409	3,9	.	.
- ausgeglichene Verluste	3176	18,9	4099	33,1	4572	45,6	4643	49,4
darunter aus Vermietung und Verpachtung 6)	(2900)	(17,0)	(3800)	(31,0)	4125	41,9	4116	45,0
	Zahl der Steuerpflichtigen und Einkünfte nach Abzug von Verlusten							
a) mit Einkommen Veranlagte	Steuer-pflicht.	Gesamt-betrag	Steuer-pflicht.	Gesamt-betrag	Steuer-pflicht.	Gesamt-betrag	Steuer-pflicht.	Gesamt-betrag
= Gesamtbetrag der Einkünfte 3)	7978	351,6	10499	524,7	12058	619,4	13861	763,0
b) Verlustfälle 7)								
Einkünfte	242	-2,0	357	-2,3	499	-5,0	692	-3,5
nachrichtlich: Verluste		-5,0		-7,3		-11,4		-13,4

1) Zur Einkommensteuer veranlagte unbeschränkt steuerpflichtige Personen, wobei die Einkünfte auch das Ergebnis der Personengesellschaften umfassen.-
2) Summe aller positiven Einkünfte i.S. des Par. 2, Abs. 1, Ziff. 1-7 EStG.- 3) Gesamtbetrag i.S. des Par. 2, Abs.3 EStG.- 4) Bei den Hinzurechnungen handelt es sich vor allem um Nachversteuerungen, bei den Absetzungen um Altersentlastungsbeträge, Freibeträge für Land- und Forstwirtschaft sowie ausl. Verluste und Steuern.- 5) Fälle, in denen ein Überschuß der Einnahmen über die Werbungskosten besteht.- 6) Fälle, in denen die Werbungskosten höher sind als die Einnahmen.- 7) Fälle, in denen die Veranlagung ein negatives Einkommen ergab.-

Die Summe der positiven Einkünfte ist seit dem Jahre 1977 in den jeweiligen Dreijahresabständen zunächst um 2 dann 2,4 und zuletzt 2,6 Mrd. DM gewachsen. Dies entspricht einer Zwachsrate von 6 bis 7 vH im jährlichen Durchschnitt. Zu beachten ist jedoch, daß auch die Zahl der Fälle zugenommen hat; nimmt man an, daß damit auch eine Zunahme der Objekte einhergeht, aus denen die Erträge erzielt werden, so scheint es richtiger, die Zuwachsraten zu verknüpfen. Dann errechnet sich eine durchschnittliche Rate von 4 bis 5 vH; diese deckt sich etwa mit dem Mietenanstieg in dieser Zeit.

2.2.2 Fälle mit Verlusten - Nutzungswertbesteuerung und Überschußrechnung

Von allen Verlusten, die die Steuerpflichtigen im betrachteten Zeitraum mit anderen Einkünften ausgeglichen haben, waren mehr als 90 vH Verluste aus Vermietung und Verpachtung. Hinzu kommen beträchtliche Beträge für nicht ausgeglichene Verluste. Dabei handelt es sich um Steuerpflichtige, bei denen die Verluste überwogen[15]. Der Vergleich der Tabellen 1 und 2 zeigt, daß in der Gesamtheit der als "Verlustfälle" veranlagten Steuerpflichtigen negative Einkünfte aus Vermietung nicht so eindeutig im Vordergrund standen.

Zur Beurteilung der steuerlichen Ergebnisse ist es notwendig, zumindest eine grobe Vorstellung darüber zu entwicken, ob die Förderung der Bildung von Wohneigentum größeres Gewicht hatte oder die mehr oder weniger zielgerichtete Entlastung der Vermieter von Wohnraum.

Tabelle 2 veranschaulicht die Entwicklung von 1977 bis 1986 in Form einer Differenzrechnung. Von den Eckwerten insgesamt sind die Daten für den Eigennutzer-Bereich abgezogen worden, damit auf den Mietwohnbereich geschlossen werden kann. Die positiven Einkünfte für den nutzungswertbesteuerten Bereich sind dabei geschätzt worden; sie haben ohnehin nur geringe Bedeutung. Ihnen sind die in der Einkommensteuerstatistik nachgewiesenen, für Eigennutzer relevanten Sondervergünstigungen gegenüberstellt worden, die praktisch dem Jahreswert der geltendgemachten Verluste entsprechen. Neben den Abschreibungen vom Höchstbetrag für Herstellungs- bzw. Anschaffungskosten gemäßt § 7 b kommen vor allem die erhöhten Abschreibungen gemäß § 82a EStDV in Frage, die zum überwiegenden Teil Modernisierungs-

[15]Genau genommen sind hier drei Fallgruppen zu unterscheiden: Entweder führte bereits die Haupteinnahmequelle zum Verlust oder es ergab sich ein Verlust als Saldo verschiedener Einkünfte oder erst nach Berücksichtigung von Sonderausgaben und außergewöhnlichen Belastungen.

Tabelle 2

Schätzungsweise Aufteilung der steuerbaren positiven Einkünfte und der Verluste aus Vermietung auf die Bereiche eigengenutzter Wohnraum und Vermietung privater Haushalte

Art der Besteuerung des Wohnungsvermögens privater Haushalte	**1977**			**1980**			**1983**			**1986**		
	Fälle mit positiven Einkünften	ausge- glichene Verluste	nicht aus- geglichene Verluste 5)	Fälle mit positiven Einkünften	ausge- glichene Verluste	nicht aus- geglichene Verluste 5)	Fälle mit positiven Einkünften	ausge- glichene Verluste	nicht aus- geglichene Verluste 5)	Fälle mit positiven Einkünften	ausge- glichene Verluste	nicht aus- geglichene Verluste 5)
	Ergebnisse für den Bereich "Vermietung und Verpachtung" insgesamt In Mrd. DM											
Steuerliche Einkünfte insgesamt	9,8	17,0	1,5	11,9	31,0	3,0	14,3	42,0	4,5	16,9	45,0	4,6
davon: Eigengenutzter pauschal-besteuerter Wohnraum 1)	0,4	7,9	0,4	0,4	10,7	0,6	0,4	12,2	1,2	0,5	11,8	0,8
Bereich der Vermietung mit Überschußrechnung 2)	9,4	9,1	1,1	11,5	20,3	2,4	13,9	29,8	3,3	16,5	33,2	3,8
	darunter: überwiegend eigengenutzter (pauschalbesteuerter) Bereich											
In Anspruch genommene Sondervergünstigungen:	4)	8,75	0,42	4)	11,87	0,68	4)	13,53	1,32	4)	13,10	0,90
Paragraph 7b EStG 3)												
- Natürliche Personen		8,04	0,16		10,83	0,26		12,38	0,44		12,26	0,44
- Gesellschaften / Gemeinsch. 4)		0,04	0,20		0,03	0,29		0,02	0,72		0,00	0,35
Paragraph 82a EStDV 3)												
- Natürliche Personen		0,62	0,02		0,96	0,05		1,08	0,06		0,80	0,04
- Gesellschaften / Gemeinsch. 4)		0,05	0,04		0,05	0,08		0,05	0,10		0,04	0,07

1) Vom Eigentümer selbstgenutzte Einfamilienhäuser und Eigentumswohnungen; die nachstehenden Sondervergünstigungen sind hier mit einer Quote von 90 vH zugerechnet worden. Die Summe der positiven Einkünfte (pauschalierter Nutzungswert der Objekte, die älter als 8 Jahre sind) ist geschätzt.-
2) Vermieteter Wohnraum (einschl. Gewerberäume) in Wohngebäuden und anderen Gebäuden des Privatvermögens sowie eigengenutzter Wohnraum in Zweifamilienhäusern.-
3) Einschließlich entsprechender Absetzungen für eigengenutzten Wohnraum in Westberlin.- 4) Kein Nachweis bzw. zu vernachlässigende Beträge.-
5) Für vermieteten Wohnraum geschätzt.-
Quelle: Einkommensteuerstatistiken (Statistisches Bundesamt), ergänzende Berechnungen des DIW.

maßnahmen bei nutzungswertbesteuerten Eigenheimen betreffen[16].

Fraglich ist allerdings, ob tatsächlich alle Steuervergünstigungen dieser Art statistisch erfaßt werden. Aus den Angaben zur Einkommensteuererklärung lassen sich diese Daten eigentlich vollständig entnehmen. Jedoch stützt sich die statistische Aufbereitung vorwiegend auf einen freiwillig auszufüllenden Vordruck (als Anlage zur Einkommensteuererklärung).

Nach Auskunft des Statistischen Bundesamtes wird diese Anlage St von den Finanzämtern - zusammen mit den Formularen zur Einkommensteuererklärung - nur an diejenigen Steuerpflichtigen verschickt, die Gewinneinkünfte erzielen (Einkunftsarten 1 bis 3), allenfalls noch an solche, die fest zur Einkommensteuer veranlagt sind, weil sie Einkünfte aus mehreren Quellen beziehen. Für die übrigen Steuerpflichtigen sah eine interne Arbeitsanweisung an die Finanzämter vor, die entsprechenden Daten aus der Anlage V (Einkünfte aus Vermietung) zusätzlich in ein Formular St aufzuschlüsseln. Fraglich ist, ob diese zusätzliche Aufbereitung auch tatsächlich vorgenommen wird. Beim großen Kreis der Lohnsteuerpflichtigen sind hier Zweifel angebracht[17]. Die Hinweise von Experten der Statistik auf mögliche Untererfassungen in den Tabellen über die Inanspruchnahme spezieller steuerlicher Regelungen verdienen besondere Beachtung, denn möglicherweise könnten sonst Fehlinterpretationen bezüglich der Struktur der Verluste aus Vermietung entstehen. Wenn z.B. der eigengenutzte Bereich stärker ins Gewicht fällt (als in den Sondertabellen ausgewiesen), so wäre der Bereich mit Überschußrechnung (der im folgenden mittels Differenzrechnung eingegrenzt worden ist) tatsächlich günstiger zu beurteilen. Die globalen Eckwerte: Gesamtsummen der positiven Einkünfte und der Verluste sind sicherlich zutreffender ermittelt worden als die Inanspruchnahme einzelner relevanter Sondervergünstigungen.

Ein Abgrenzungsproblem ergibt sich auch daraus, daß die erhöhten Abschreibungen nach § 7b EStG nicht nur für eigengenutzte, sondern auch für vermietete Objekte beansprucht werden

[16]Gemäß § 82a EStDV sind nachträgliche Herstellungskosten für bestimmte Anlagen und Einrichtungen, verteilt über einen Zeitraum von 10 Jahren als Werbungskosten abzugsfähig, auch dann, wenn es sich eigentlich um Erhaltungsaufwand handelt, der gem. § 21a EStG nicht gesondert absetzbar wäre. Obwohl die Vorschrift des § 82a für alle Gebäudearten in Betracht kommt, wird sie im wesentlichen von Eigennutzern beansprucht; für den Mietwohnbereich hat die Regelung des § 82b größere Relevanz.

[17]Man kann annehmen, daß diejenigen Fälle, die eine Einkommensteuererklärung abgeben müssen, weil der Höchstbetrag von 24 000 DM (bzw. 48 000 DM bei Ehepaaren) überschritten wird, vielleicht noch relativ vollständig berücksichtigt wurden. Problematisch ist jedoch die Erfassung der "nichtveranlagten Arbeitnehmer", für die bei den Finanzämtern nur maschinelle Belege über die Lohnsteuer-Abrechnung bzw. Lohnsteuerkarten vorliegen.

können[18]. Dies könnte beispielsweise bei den gesondert ausgewiesenen Daten für Gemeinschaften und Gesellschaften eine Rolle spielen.

Vereinfachend wurden bei den genannten Sondervergünstigungen 90 vH des Gesamtbetrages im jeweiligen Stichjahr dem nutzungswertbesteuerten Bereich zugerechnet, dieser Anteil ist eher hoch gegriffen. Im Ergebnis zeigt sich, daß 1980 mehr als 11 Mrd. DM absetzbarer Werbungskosten (Summe der ausgeglichenen und nicht ausgeglichenen Verluste) auf die Förderung der Eigentumsbildung entfallen sind. 1983 waren es mehr als 13 und 1986 knapp 13 Mrd. DM. Verglichen mit den Werten für 1977 ist ein beträchtlicher Anstieg zu verzeichnen, dessen wesentliche Ursache - neben zunächst beschleunigter Neubautätigkeit - die Ausdehnung der § 7b-Regelung auf den Erwerb vorhandener Gebäude und Wohnungen ist. Die zuletzt verzeichnete Abflachung könnte so gedeutet werden, daß sich darin die Abschwächung des Neubaus spiegelt, die in den Daten der Bautätigkeitsstatistik zum Ausdruck kommt.

Die abgeleiteten Ergebnisse für den Teil des Wohnungsbestands und des Wohnungsneubaus, der unter die Überschußrechnung fällt - im wesentlichen also der Mietwohnbereich - zeigen, daß die Verluste hier viel stärker gestiegen sind. Dies gilt vor allem für den Zeitabschnitt 1977 bis 1980, in dem sich die Verluste mehr als verdoppelt haben. Auch im folgenden Dreijahreszeitraum stiegen die ausgeglichenen und nicht ausgeglichenen Verluste um mehr als 10 Mrd. DM. Hingegen ist es ein überraschendes Ergebnis, daß die Verluste im Zeitraum von 1983 bis 1986 nur noch um 4 Mrd. DM (rund 12 vH) zugenommen haben.

Sollte man also annehmen, daß sich die Schere zwischen Erträgen des Mietwohnungsbereichs und steuerlichen Verlusten zu schließen begonnen hat? Dies wäre wohl ein sehr voreiliger Schluß. Aufgrund steuerrechtlicher Änderungen (vgl. Tabelle 3) hätte man einen eher stärkeren Anstieg erwarten können. Die unerwartete Abflachung dürfte vom Mengengerüst her zu erklären sein:

- Die Neubautätigkeit hat sich im Mietwohnungsbereich (Zwei- und Mehrfamilienhäuser, vermietete Eigentumswohnungen) in dieser Zeit besonders stark abgeschwächt. Angesichts des hohen Sockels an Absetzungsbeträgen aus den vorhergehenden Baujahrgängen und der

---

[18]Bei eigengenutzten, pauschalbesteuerten Objekten, die nach § 21a EStG besteuert werden, ist die Abschreibung gem. § 7b vorgeschrieben; indes kann die Abschreibung nach § 7b auch im Zusammenhang mit § 21 EStG gewählt werden, wenn das Objekt vermietet wird. Beispielsweise ist das von Belang, wenn die Eigennutzung unterbrochen wird, aber auch in solchen Fällen des Baus oder Erwerbs von vermieteten Eigenheimen/Eigentumswohnungen, in denen der Bauherr die ihm einmal zustehende 7b-Vergünstigung noch nicht ausgeschöpft hatte.

anhaltend hohen Baumaßnahmen für Substanzverbesserung fällt es dennoch schwer, zu glauben, daß die Ursache allein beim rückläufigen Neubau liegt.

- Vermutlich kommt ein Effekt hinzu, dahingehend, daß die besonders starken Baujahrgänge zu Beginn der siebziger Jahre mit deutlich verminderten Kostenbeträgen zubuche schlugen[19]. Diese Degression der Absetzungsbeträge aus der Baualtersgruppe von 1969 bis 1977 dürfte bis 1989 weitgehend abgeschlossen sein[20].

- Ein weiterer Grund könnte ein stärkerer Anstieg der Bestandsmieten sein. Deshalb sind die in den folgenden Kapiteln vorgelegten Analysen und Modellrechnungen in diesem Zusammenhang von besonderem Interesse. Einschränkend muß jedoch bereits hier darauf hingewiesen werden, daß diese Berechnungen allein den Bereich Wohnungsbau und Wohnungsvermietung betreffen. Ein zusätzlicher Einfluß - der in der vorliegenden Analyse nicht erfaßt werden kann - liegt auch darin, daß die Gewerbemieten überproportional gestiegen sind.

2.3 Zum Begriff der steuerlichen Wohnungsbauförderung

Die aus der Einkommensteuerstatistik zitierten Verlustbeträge dürfen nicht verwechselt werden mit den Steuerentlastungen zugunsten der Investoren bzw. den Steuerverzichten des Staates. Die Verlustbeträge sind - wie die positiven Einkünfte - nur die Ausgangsbasis für die Berechnung des steuerlichen Ergebnisses.

Recht einfach läßt sich dies am Beispiel der Pauschalbesteuerung darstellen: Positive Einkünfte fallen hier praktisch nicht an, bzw. soweit vorhanden, können sie mit anderen Werbungskosten ausgeglichen werden[21]. Der Verlust kann also mit dem jährlichen Abschreibungsbetrag gleichgesetzt werden. Der durchschnittliche Grenzsteuersatz aller Steuerpflichtigen, die diese

---

[19]Dabei könnte es auch eine Rolle spielen, daß bis 1973 noch eine degressive Abschreibung zulässig war, die dann ausgesetzt woren ist, (vgl. Kapitel 3.2.); schwer einzuschätzen ist auch, welcher Periode die außerordentlich hohen Kosten für nachträgliche Sanierungen dieser Gebäude (vor allem wegen Betonschäden) zuzurechnen sind.

[20]Die Annäherung des Saldos aus Einkünften und Absetzungen dieser Baualtersgruppe an ein steuerlich neutrales Ergebnis zeigt sich auch anhand der Berechnung in Tabelle 5.3. Jedoch ist die Gruppierung zu stark, um einen Stufeneffekt von 1983 bis 1988 berechnen zu können. Es wäre eine Verbesserung, wenn die jahrgangsweise Modellrechnung auch auf diesen Zeitraum ausgedehnt würde.

[21]Der Nutzungswert war mit 1 vH des Einheitswertes pauschal festgelegt. Die AfA gem. § 7b konnte über diesen Betrag hinaus, sonstige Werbungskosten (Schuldzinsen, Instandhaltung) nur bis zur Höhe dieses Betrages abgesetzt werden.

Absetzung in Anspruch nehmen, könnte im Prinzip aus der Statistik exakt ermittelt werden; mangels einer ensprechenden Sonderaufbereitung wird er mit etwa 35 vH veranschlagt[22]. Die in Tabelle 2 genannten Verlust-Beträge von 13,4 bzw. 12,9 Mrd. DM für den eigengenutzten pauschalbesteuerten Bereich in den Jahren 1983 und 1986 wären demzufolge mit Steuerentlastungen in Höhe von 4,7 bzw. 4,6 Mrd. DM gleichzusetzen. In ähnlicher Größe werden die Steuerverzichte des Staates in den Subventionsberichten der Bundesregierung ausgewiesen[23]. Zu beachten ist, daß dort jeweils aktuelle Angaben erfolgen, bei denen es sich jedoch um Schätzwerte handelt[24]. Erst später, wenn die Einkommensteuerstatistik vorliegt, werden gewisse Korrekturen vorgenommen.

Für die Vermieter von Wohnraum (einschl. Gewerberäumen) kann man von einem etwas höheren durchschnittlichen Grenzsteuersatz ausgehen - er wird hier vorsichtig mit 40 vH angenommen. Bezogen auf die geltendgemachten Verluste für diesen Bereich, wären die erzielten Steuerentlastungen dann mit rund 13 Mrd. DM für 1983 und 15 Mrd. DM für 1986 zu beziffern. Zwar geht nur ein Teil dieser Beträge auf - bewußt als Förderung konzipierte - Abschreibungsregelungen zurück, denn daneben haben die Finanzierungskosten und übrige Werbungskosten jeweils etwa gleich hohes Gewicht. Es gibt jedoch genügend Hinweise darauf, daß bei der Finanzierung (Beispiel Disagio-Beträge) und bei den übrigen Werbungskosten (vor allem in der Bauzeit) viele Gestaltungsmöglichkeiten zur Steuerersparnis genutzt worden sind und genutzt werden, wobei diese Nebenwege der indirekten Förderung teilweise von Wohnungs- und Finanzpolitikern wegen der begünstigenden Wirkung auf die Bautätigkeit gebilligt werden. Deshalb wäre es eine sehr enge Auslegung, wenn man die steuerlichen Förderungseffekte allein auf die Betrachtung der degressiven Gebäude-AfA beschränkt.

---

[22]Bezieht man sich auf die Steuertarife der Jahre 1981 und 1986, so entspricht diese Grenzbelastung bei gemeinsam veranlagten Ehepaaren (Splitting-Tabelle) einem steuerpflichtigen Jahreseinkommen zwischen 60 000 und 65 000 DM.

[23]Da das Ergebnis der Statistik für 1986 in den Berichten noch nicht berücksichtigt werden konnte, kann man für einen Vergleich nur die Angaben für frühere Jahre heranziehen: Im 8. Subventionsbericht wird für 1980 ein Betrag von 4,2 Mrd. DM genannt, im 10. Subventionsbericht für 1983 ein Betrag von 4,8 Mrd. DM. Dabei bleibt zu beachten, daß die Absetzungen gemäß § 7b nicht ausschließlich für eigengenutzte Wohnungen erfolgen können - wie dies bei § 10e der Fall ist - sondern zum Teil auch vermietete Wohnungen betrafen.
Ähnlich lassen sich die im Subventionsbericht genannten Vergünstigungseffekte aus der Inanspruchnahme von § 82a EStDV (Modernisierung) und § 34f EStG (sogenannte Kinderkomponente) aus den Absetzungsbeträgen, die in der Steuerstatistik genannt werden, ableiten.

[24]Vgl. Textziffer 24 des 11. Subventionsberichts.

In den Subventionsberichten wird die indirekte Förderung des Mietwohnungsbereichs überhaupt ausgeklammert. Allerdings wird nicht bestritten, daß die Ausgrenzung dieses Bereichs an sich unbefriedigend ist und daß die Abgrenzung von Subventionen gerade im Wohnungsbau durchaus einer Überprüfung bedürfte.

Im 9. und 10. Subventionsbericht wurde ausführlicher zu der Frage nach Vorteilen für die Investoren von Mietobjekten Stellung genommen[25]. Die Erörterung des Themas blieb allerdings ohne greifbares Ergebnis - allenfalls in der Hinsicht, daß die Berichte weiterhin der tradierten Abgrenzung folgten.

Zwei Argumente wurden angeführt:

- Es sei zwar nicht zu bestreiten, daß die Normalbesteuerung in nicht unerheblichem Maße Förderungsaspekte verfolge; infolgedessen könnten die Investorengruppen auf diesem oder jenem Wege erhebliche *Begünstigungen* erlangen. Teilweise könnten diese sogar stärker sein als bei der Eigentumsförderung, die als Ausnahmeregelung konzipiert ist und ursprünglich einen besonderen Vorteil bieten sollte. Der Auftrag des Subventionsberichts liege aber darin - neben direkten Finanzhilfen - *Steuervergünstigungen* darzustellen. Da das normale Steuerrecht auf alle Investoren zugeschnitten sei und von jedermann in Anspruch genommen werden könne, könne eben nicht von einer besonderen Begünstigung eines engeren, fest umrissenen Personenkreises die Rede sein.
- Die fördernde Wirkung ergäbe sich aus einer anfänglichen Steuerentlastung. Damit übe der Staat aber keinen endgültigen Steuerverzicht, sondern es handele sich eher um eine Steuerstundung. Wenn vorgezogene Aufwendungen zugelassen werden, bedeute dies später umso höhere Gewinne und damit ein Nachholen der Besteuerung.

Das erste Argument ist formalistisch. Immerhin ließe sich wohl empirisch belegen, daß die Begünstigungen tatsächlich nicht von sehr breiten Schichten, sondern in besonderem Maße von Steuerpflichtigen der oberen Einkommensschichten in Anspruch genommen werden. Dies gilt für den Bau oder Kauf von Mietwohngebäuden für Bauherren von Eigentumswohnungen zur Kapitalanlage und auch für diejenigen, die statt eines Einfamilienhauses oder einer Wohnung ein Zweifamilienhaus für die (vollständige oder teilweise) Eigennutzung finanzieren konnten.

---

[25]Vgl. hierzu die "methodischen Erläuterungen zur Abgrenzung der Subventionen des Bundes", Anlage 9 zum 10. Subventionsbericht der Bundesregierung. Bundestagsdrucksache 10/352, S. 308. Den Anstoß dafür gab offenbar ein Gutachten des wissenschaftlichen Beirats beim Bundesminister für Wirtschaft.

Das zweite Argument ist ein Glaubenssatz an dem anscheinend unerschütterlich festgehalten wird, obwohl sich dessen Wahrheit nicht bestätigt.

- Zum einen scheint er empirisch nicht haltbar, nachdem die Statistik doch zeigt, daß seit langer Zeit die Verluste aus Vermietung stärker steigen als die steuerbaren Erträge.
- Zum anderen steht dagegen, daß Steuerpflichtige, die Mietwohnungen im Privatvermögen halten, anfängliche Vorteile durch späteren Verkauf allemal zu endgültigen machen können.

Wenn Wohnungen "über lange Zeit" zur Vermietung im Privatvermögen gehalten worden sind, gehört auch der Verkauf (als Auflösung) zur privaten Vermögensverwaltung; Veräußerungsgewinne[26] bleiben dann steuerfrei. Angesichts der Tatsachen, daß

a) nach vorherrschender Rechtsprechung ein Zeitraum von 10 Jahren als ausreichend lange Frist der Vermietung angesehen wird und

b) in dieser Zeit 35 vH (vor 1981) bzw. 45 vH (ab 1982) der Baukosten abgeschrieben werden können (seit 1989 sogar 58 vH),

ist es offensichtlich, daß diese Nichtbesteuerung beim Verkauf hohe Steuerverzichte des Staates zur Folge hat. Das Steuerrecht setzt zunehmend einen Anreiz dahingehend, daß Mietwohngebäude im freifinanzierten Bereich von den Investoren eben nicht über lange Zeit gehalten und bewirtschaftet, sondern nach einer - gemessen an der technischen Nutzungsdauer - recht kurzen Zeit veräußert werden: Neben dem Wertzuwachs können die erzielten Liquiditätsvorteile als Gewinn abgeschöpft werden.

Die Förderung des Wohneigentums zur Eigennutzung verfolgt erklärtermaßen vermögenspolitische Ziele. Sie wird demzufolge als Steuervergünstigung ausgewiesen. Vermutlich sind mit dem Instrumentarium der Normalbesteuerung Vermögensbegünstigungen verbunden, die stärker ins Gewicht fallen.

Das Thema Förderung und Subventionen kann hier nicht ausführlicher diskutiert werden. Gezeigt werden sollte, daß diese Begriffsabgrenzung im Grunde offen ist und nur im Hinblick auf Fallgruppen und Art der Inanspruchnahme begünstigender Regelungen zu definieren wäre. Letztlich spielen bei der Frage, ob es sich um subventionsähnliche Begünstigungen handelt, auch

---

[26]Ist der Verkaufspreis höher als die Herstellungskosten abzüglich Abschreibungen, so wäre dieser Betrag steuerpflichtig, wenn es sich um eine Veräußerung gewerblichen Vermögens handelt.

Unterschiede im Investorenverhalten eine Rolle; diese sind allerdings oft von den zulässigen Gesaltungsmöglichkeiten inspiriert.

In der vorliegenden Untersuchung geht es weniger um besondere Fallgruppen, sondern um eine Quantifizierung der Wirkung steuerlicher Rahmenbedingungen im Durchschnitt und für einen zurückliegenden Zeitraum. Hier ist die Aufgabe gestellt, die wenig transpartenten Eckwerte über steuerliche Einkünfte aus Vermietung ex-post aufzuhellen, indem sie mit den verfügbaren Informationen über die Investitionstätigkeit im Wohnungsbau nach Arten der Objekte in Zusammenhang gestellt werden. Das erfordert umfangreiche Modellrechnungen und in manchen Feldern ergänzende Schätzungen. Wenn so eine hinlängliche Erklärung gelingt, könnte der Berechnungsansatz auch als Basis für Fortschreibungen bzw. Vorausschätzungen dienen.

3. Ergebnisse der Modellrechnungen

3.1 Blockstruktur des Modells

Die Ziele der Modellrechnungen sind bereits im ersten Kapitel dargelegt worden. Um die Eckwerte der Einkommensteuerstatistik von der Angebotsseite her durch Näherungsrechnungen erklären zu können, ist der Wohnungsbestand in zeitlich und inhaltlich abgegrenzte Blöcke gegliedert worden.

Dabei sind drei Baualtersgruppen gewählt worden, die zunächst den Wohnungsbestand betreffen, der aus der Bautätigkeit vor 1979 gebildet wird. Dazu sind die Informationen über die Altersstruktur der Wohngebäude aus der Wohnungsstichprobe 1978 und der Zählung 1987 verglichen und durch teilweise Korrekturen aneinander angeglichen worden (vgl. die Tabellen I und II im Anhang). Betrachtet werden

- Gebäude aus der Zeit vor 1949, - also Vorkriegsbauten, die unter steuerlichem Aspekt nur noch im Hinblick auf nachträgliche Baumaßnahmen und neue Beleihungen von Interesse sind.
- Gebäude, die von 1949 bis 1968 errichtet worden sind; auch für diesen Block spielen die ursprünglichen Abschreibungen und Finanzierungskosten heute nur noch eine geringe Rolle.
- Gebäude, die von 1969 bis 1978 errichtet worden sind. Diese Altersgruppe bezieht sich auf die Zeit der höchsten Bautätigkeit in der Bundesrepublik; sowohl steuerliche Abschreibungen wie die Finanzierung dürften im Referenzzeitraum noch in beträchtlichem Umfang die in der Einkommensteuerstatistik beobachteten Ergebnisse prägen.
- Schließlich ist die, mit Bezug auf das Jahr 1986, aktuelle Bautätigkeit in einer jahrgangsweise dataillierten Berechnung analysiert worden.

Innerhalb dieser zeitlichen Blöcke erscheint eine Differenzierung in mehrfacher Hinsicht als relevant, nämlich nach

- dem Gebäudetyp: Ein-, Zwei- und Mehrfamilienhäuser,
- den Eigentümer-, bzw. Investorengruppen (hier interessiert insbesondere der Anteil, der auf private Haushalte entfällt), sowie
- der Art der Wohnungsnutzung (Vermietung, Eigennutzung) und schließlich
- der Art der Finanzierung (mit oder ohne direkte öffentliche Hilfe).

Für die Baujahrgänge von 1978 bis 1986 ist diese Differenzierung bei den Modellrechnungen vollständig berücksichtigt worden. Für die älteren Baualtersklassen war im Rahmen dieser

Untersuchung nur eine grobe Aufschlüsselung unter dem steuerlich relevanten Aspekt Eigennutzung/Vermietung durch private Haushalte möglich. Neben der Bautätigkeit, die statistisch belegt ist, mußten Annahmen über die Häufigkeit der Verkäufe bzw. der Erwerbsfälle getroffen werden, wobei nur teilweise statistische Informationen vorlagen.

Als relevante Ergebnisgrößen sind für die genannten Gruppierungen

- Brutto- und Nettomieten, ergänzt um die "Eigenmieten",

- steuerliche Abschreibungen bzw. Absetzungen, bezogen auf
  a) ursprüngliche Anschaffungs- oder Herstellungskosten,
  b) nachträgliche Baumaßnahmen,

- Schuldzinsen aus der Baufinanzierung und für nachträgliche Beleihungen als Folge von Käufen oder Modernisierungs- und Instandsetzungsmaßnahmen,

beziffert worden. Dabei sind zahlreiche Informationen aus verschiedenen statistischen Quellen und anderen Untersuchungen herangezogen worden; teilweise konnten jedoch nur Größenordnungen durch Schätzung eingegrenzt werden.

3.2 Steuerrechtsänderungen seit 1978

Für die Zeit nach 1978 waren in den Modellrechnungen mehrere Steuerrechtsänderungen zu berücksichtigen. In der Texttabelle 3 sind die relevanten Regelungen nach Zeitabschnitten dargestellt worden, wobei spaltenweise nach

- eigengenutztem Wohnraum,
- vermietetem Wohnraum und
- Modernisierung/Instandsetzung

unterschieden wird. Als eigengenutzter Wohnraum wird hier im engeren Sinne nur der Bereich Einfamilienhäuser und Eigentumswohnungen (mit Pauschalbesteuerung) verstanden; vom Eigentümer selbstgenutzte Wohnungen in Zwei- und Mehrfamilienhäusern sind dem "vermieteten Wohnraum" zugeordnet worden, weil sie unter die Normalbesteuerung fallen.

Da bis zum Jahre 1982 alle Zweifamilienhäuser (auch wenn sie vollständig vom Bauherrn bzw. Käufer selbst genutzt wurden) steuerlich-fiktiv als Mietobjekte eingestuft werden konnten, ist

Tabelle 3 Die wichtigsten steuerlichen Regelungen für den Wohnungsbau und deren Änderung von 1978 bis 1986

eigengenutzter Wohnraum	vermieteter Wohnraum	Modernisierung / Instandsetzung
Pauschalbesteuerung erhöhte AfA Par. 7b in Verbindung mit Par. 21a EStG	*gesetzliche Regelung:* *Normalbesteuerung* lineare AfA oder degressive AfA gem. Par.7 (4) und (5) in Verb. mit Par.21 EStG (Privatvermögen) oder gewerbl. Vermietung *Überschußrechnung* *Gewinnermittlung*	*Erhaltungsaufwand* entsprechend Par. 11 (2) EStG oder den Par. 82 a ff. EStDV
Eigentumswohnung Einfamilienhaus Zweifamilienhaus	*gilt für ...* vermietete Einfamilienhäuser und Eigentumswohnungen vollst. eigengenutzte Zweifamilienhäuser (wahlweise bis 1982) teilvermietete Zweifamilienhäuser sowie Mehrfamilienhäuser	alle Wohngebäude - bei Pauschalbesteuerung kommt nur Par. 82a in betracht
	vor 1978	
auf Neubau beschränkt: - bis 1953 nur Bauherren, dann auch Ersterwerber von Einfamilienhaus, Eigentumswohnung - ab 1958 auch Ersterwerb Zweifamilienhaus AfA-Satz: 8 Jahre 5% vom Höchstbetrag für Herstellungs- / Anschaffungskosten	Gebäude, die vor 1925 errichtet worden sind lineare AfA = 2.5% Gebäude, die nach 1924 errichtet worden sind lineare AfA = 2%	Seit 1958 für Einbau bestimmter Anlagen (Herstellungskosten) und für Ersatz (Erhaltungsaufwand) möglich, Par.51(1) EStG. Geringe Bedeutung,- größere Maßnahmen als nachträgliche Herstellung behandelt, AfA entsprechnend Restnutzungsdauer
* *Antrag vor August 1981*	***Genehmigungen 1978 bis 1981 (3.Vj.*)***	
neben Neubau und Ersterwerb jetzt ausgedehnt auf Alterwerb AfA - Satz: 8 Jahre 5% vom Höchstbetrag - 150 Tsd.DM (1FH,EWO) - 200 Tsd.DM beim 2FH; danach lineare AfA bis zum Pauschalbetrag der Einkünfte gem. Par. 21 a ; desgleichen Abzug von sonstigen Werbungskosten (Reparaturen, Schuldzinsen) nur im Rahmen dieses Betrages möglich	Wiedereinführung der degressiven AfA - nur für Bauherren, nicht für Erwerber AfA-Satz gestaffelt: 3.5% (12 Jahre), 2% (20 Jahre), 1% (18 Jahre) gilt für Gebäude, die ab 1979 hergestellt worden sind - (also bereits auf Genehmigungen des Jahres 1978 anzuwenden)	im Zusammenhang mit ModEnG Par. 82a EStDV eingeführt: für bestimmte Einbauten und Anlagen (auch wenn als Erhaltung gewertet, gilt in diesem Fall für Eigennutzer eine Ausnahme) AfA = 10% (10 Jahre); sowie Par. 82b EStDV - gilt für Erhaltung bzw. Ersatz von Anlagen Absetzung über 2 bis 5 Jahre möglich, nur bei Wohngebäuden im Privatvermögen Allgemein: Erhaltung sofort absetzbar, Par. 11(2) EStG - in diesem Sinne ist die Rechtsprechung ausgeweitet worden

noch: Tabelle 3 Die wichtigsten steuerlichen Regelungen für den Wohnungsbau und deren Änderung von 1978 bis 1986

eigengenutzter Wohnraum	vermieteter Wohnraum	Modernisierung / Instandsetzung
	gesetzliche Regelung:	
Pauschalbesteuerung erhöhte AfA Par. 7b in Verbindung mit Par. 21a EStG	*Normalbesteuerung* lineare AfA oder degressive AfA gem. Par.7 (4) und (5) in Verb. mit Par.21 EStG (Privatvermögen) oder gewerbl. Vermietung *Überschußrechnung* *Gewinnermittlung*	*Erhaltungsaufwand* entsprechend Par. 11 (2) EStG oder den Par. 82 a ff. EStDV
	gilt für ...	
Eigentumswohnung Einfamilienhaus Zweifamilienhaus	vermietete Einfamilienhäuser und Eigentumswohnungen vollst. eigengenutzte Zweifamilienhäuser (wahlweise bis 1982) teilvermietete Zweifamilienhäuser sowie Mehrfamilienhäuser	alle Wohngebäude - bei Pauschalbesteuerung kommt nur Par. 82a in betracht
* *Antrag ab August 1981* ** *Baubeginn vor Oktober 1982*	***Genehmigungen 1981 (4.Vj.) bis 1982 (3.Vj.**)***	
Höchstbeträge angehoben: - 200 Tsd.DM (1FH,EWO) - 250 Tsd.DM beim 2FH. Kinderkomponente Par. 34f EStG eingeführt sonst wie zuvor	Neuregelung degressive AfA: 5% (8 Jahre), 2.5% (6 Jahre), 1.25% (36 Jahre) bei Zweifamilienhäusern entfällt die Wahlmöglichkeit - Normalbesteuerung jetzt nur noch für teilvermietete bzw. teilgewerblich genutzte Gebäude	wie zuvor
	Genehmigungen 1982 (4.Vj.) bis Ende 1985	
** *Baubeginn ab Oktober 1982* Einführung eines befristeten Schuldzinsenabzugs: maximal 10 Tsd.DM p.a. für 3 Jahre *bei Fertigstellung des Gebäudes vor 1987* sonst wie zuvor	wie zuvor, jedoch Einengung von Gestaltungsmöglichkeiten bei Bauherren- und Erwerbermodellen (Bauzeit-Werbungskosten, MWSt-Option)	Katalog der begünstigten Maßnahmen beim Par. 82a gekürzt - besonders relevant für Eigennutzer
	Genehmigungen 1986	
ohne begrenzten SZ-Abzug, da Fertigstelung vor 1987 kaum anzunehmen.	wie zuvor	wie zuvor

anzunehmen, daß in der überwiegenden Zahl der Fälle von dieser günstigen Option Gebrauch gemacht worden ist. (Zur Größenordnung: Im Zeitraum von 1969 bis 1981 sind 1,81 Mill. Einfamilienhäuser und 1,13 Mill. Zweifamilienhäuser fertiggestellt worden). Erst ab 1982 (maßgeblich war der Zeitpunkt des Bauantrags, der bis Ende Juli 1981 gestellt worden sein mußte) entfiel diese Wahlmöglichkeit. "Unechte" Zweifamilienhäuser fielen danach unter die Pauschalbesteuerung; auch dabei waren noch gewisse Ausnahmen zulässig, z.B. wenn die zweite Wohneinheit für gewerbliche Zwecke (als Büro oder Praxis) selbst genutzt wurde, oder (formal) an Verwandte vermietet worden ist. Der Vergleich von Ergebnissen der Wohnungszählung 1987 mit denen der Bautätigkeit seit 1978 läßt den Schluß zu, daß ca. 80 Tsd. (das entspricht 23 vH) von den in dieser Zeit entstandenen Zweifamilienhäusern der tatsächlichen Nutzung zufolge als Einfamilienhäuser zu bezeichnen wären (vgl. Tabelle IV im Anhang). In den Modellrechnungen ist angenommen worden, daß von diesen unechten Zweifamilienhäusern ungefähr die Hälfte der Pauschalbesteuerung, die übrigen der Normalbesteuerung zuzurechnen sind.

Von 1978 an ist die Pauschalbesteuerung auf den Alterwerb[27] von Eigenheimen und Eigentumswohnungen ausgedehnt worden. Deshalb war eine Schätzung der seit dieser Zeit erfolgten Käufe erforderlich.

Vor kurzem sind zwei Untersuchungen zum Immobilienmarkt erstellt worden[28], die jedoch in einigen relevanten Bereichen zu divergierenden Ergebnissen gelangten. Beide Untersuchungen fassen den Begriff Immobilienmarkt weit, indem Erbschafts- und Schenkungsfälle (bei GEWOS darüber hinaus unbebaute Grundstücke) einbezogen werden. Im steuerlichen Sinne sind nur die Verkäufe bzw. Käufe relevant. Auch für diesen Teil weichen die Ergebnisse stark voneinander ab:

- Infratest zufolge müßten in den 80er Jahren im Durchschnitt ca. 170 000 Mietwohnungen nicht an Eigennutzer (also als Mietobjekte, etwa gleichzusetzen mit 30 Tsd. Gebäuden) - verkauft worden sein. Diese Zahl erscheint als recht hoch. Hingegen wird für die Käufe zur Eigennutzung eine Durchschnittszahl von 70 Tsd. Wohnungen (damit sind Wohnungen in Eigenheimen gemeint) pro Jahr angegeben, die recht niedrig anmutet. Die Umwandlung von

---

[27]Als "Neuerwerb" kann der Kauf vom Bauträger bezeichnet werden.

[28]Infratest Sozialforschung: Strukturen des Wohnungs- und Wohngebäudebestandesund Immobilientransaktionen im Bestand seit 1980. München 1989.
GEWOS-Immobilienmarktananalyse 1989 (IMA), Hamburg 1989. Ferner: Immobilienmarkt - Verkäufe von bebauten Grundstücken der Bundesrepublik Deutschland. Untersuchung im Auftrag der GEWOS-Kommission "Perspektiven der Wohnungsfinanzierung". Hamburg 1985.

Mietwohnungen in Eigentumswohnungen wird mit 80 000 Verkaufsfällen pro Jahr veranschlagt. Die Zahl der Erwerbsfälle wäre demzufolge mit ca. 50 000 Eigenheimen und mindestens 80 000 Eigentumswohnungen p.a. zu beziffern.

- Bei GEWOS wird der Alterwerb von Ein- und Zweifamilienhäusern für 1982 und 1987 mit rund 100 Tsd. bzw. 120 Tsd. Objekten beziffert. Für den Alterwerb von Eigentumswohnungen wird für 1982 eine Zahl von 55 Tsd. genannt; bis zum Jahre 1987 soll sich ein Anstieg auf ca. 125 Tsd. Wohnungen ergeben haben[29]. Die Zahl der Verkäufe von Mehrfamilienhäusern (als Mietobjekte) wird für 1982 mit 16 Tsd. für 1987 mit 26 Tsd. beziffert.

Diese Ergebnisse konnten nur teilweise verwendet werden; sie wurden durch eigene Schätzungen[30] ergänzt, die sich auch auf die Statistik der Kreditvergabe für die Wohnungsfinanzierung stützen.

Nach diesem Exkurs ins "Mengengerüst" sind noch einige Anmerkungen zu den steuerlichen Rahmenbedingungen erforderlich:

- Im Bereich des eigengenutzten Wohnraums wurde kurz nach der Änderung der Höchstbeträge im Jahre 1982 aus konjunkturellen Gründen zusätzlich ein zeitlich befristeter Abzug von Schuldzinsen zugelassen. Diese Regelung war praktisch nur bis Ende 1986 relevant. Von da ab trat die grundsätzliche Neuregelung (Konsumgutlösung) inkraft.

- Die familienbezogene Komponente der Förderung, das sogenannte Baukindergeld, ist in den Modellrechnungen - weil nicht objektbezogen - vernachlässigt worden.

---

[29]Für 1987 ist keine Trennung nach Neu- und Alterwerb vorgenommen worden; die Gesamtzahl ergibt jedoch einen außerordentlich starken Anstieg gegenüber 1982, der - angesichts des rückläufigen Angebots von Bauträgern - beim Alterwerb liegen müßte.

[30]Vgl. hierzu auch: "Nachfrage nach Neubauwohnungen und nach Wohnungen aus dem Bestand". In: Wochenbericht Nr. 35/1987 des DIW. Ferner: Aktuelle Tendenzen der Wohnungsbaufinanzierung. In: Wochenbericht Nr. 15 - 16 des DIW.

Im Bereich der Normalbesteuerung war vor 1978 die Aussetzung der degressiven AfA (von 1973 bis 1978) zu berücksichtigen. Von 1964 bis 1973 galt die degressive Abschreibung in der gleichen Form, wie von 1978 bis 1981; vor 1964 gab es verschiedene Regelungen[31]. Im Jahre 1982 wurde die Degression verstärkt; erneute Verbesserungen sind 1989 beschlossen worden.

In den betrachteten Zeitraum fallen auch sukzessive Entscheidungen, die die besonderen Finanzierungsmodelle zur Kapitalanlage (Bauherren-, Erwerbermodelle) nach und nach zurückgedrängt haben. Diese Modelle setzen vorwiegend auf die Ausnutzung hoher Bauzeit-Werbungskosten als Substitut für Eigenkapital. Eine besondere Berücksichtigung dieser Kosten vor und während der Bauzeit war in den Modellrechnungen nicht möglich, die Berechnungen beziehen nur die normalen Abschreibungs- und Finanzierungskosten nach der Herstellung ein.

Neben den steuerlichen Regelungen über Abschreibungen für den Wohnungsneubau sind einige Hinweise auf die Regelungen erforderlich, die *nachträgliche Baumaßnahmen* (Um- und Ausbau, Modernisierung und Instandsetzung) oder die Gebäude-Abschreibung infolge von Verkäufen betreffen.

- Bei den Absetzungen für nachträgliche Baumaßnahmen fallen die Absetzungen gemäß § 82a und b EStDV ins Gewicht. § 82a ist im Zuge der Modernisierungsförderung konzipiert worden. Er galt für bestimmte Modernisierungsmaßnahmen, die in einem Katalog festgelegt waren. Er bezieht sich ursprünglich auf "Herstellungskosten" (neu geschaffene Anlagen und Einrichtungen); der gewandelten Rechtsprechung zufolge wurden die Maßnahmen jedoch sehr bald als "Erhaltungsaufwand" eingestuft. Trotzdem durfte der § 82a auch von den Eigentümern pauschalbesteuerter Objekte in Anspruch genommen werden. In diesem Bereich hatte er sogar stärkere Bedeutung als im Bereich normalbesteuerter Gebäude, denn dort kann jeglicher Erhaltungsaufwand als Werbungskosten abgesetzt werden (vgl. § 11 (2) EStG), und zwar sofort im Jahr der Maßnahme.

- Weil der Sofortabzug von den Erträgen aber gerade für die privaten Vermieter - wenn es sich um große Beträge handelt - ungünstig sein kann, wird mit § 82b die Möglichkeit eröffnet, die

[31]Vgl. die Ausführungen in Kapitel 1.

Absetzung auf mehrere Jahre zu verteilen. Aus dieser Sicht dürfte § 82 b vor allem für den Bereich normalbesteuerter Gebäude privater Haushalte von vorrangiger Bedeutung sein[32].

- Bei der Gebäudeabschreibung infolge von Verkäufen bzw. Käufen werden die Eigenheime/Eigentumswohnungen wie Neubauten behandelt (d.h. die AfA gemäß § 7b, auf den Anschaffungspreis bezogen, kann auch vom Käufer für 8 Jahre beansprucht werden). Bei Mietobjekten tritt der Käufer an die Stelle des Verkäufers (was die gestaffelten AfA-Sätze betrifft), jedoch bezieht sich der Prozentsatz dann auf den Kaufpreis (anstatt auf die Herstellungskosten), in der Regel also auf eine höhere Basis.

3.3 Zur Berechnung der Zinszahlungen

Neben den Abschreibungen haben die *Finanzierungskosten* - geleistete Schuldzinsen - besonderes Gewicht. Die Zurechnung der Kredite auf Wohngrundstücke zu den Baualtersklassen der Gebäude und den Nutzungsarten (eigengenutzter bzw. vermieteter Wohnraum) ist nicht unproblematisch; deshalb sind einige methodische Hinweise vorab erforderlich.

Als Basis dienten Berechnungen, die im Zusammenhang mit einer Untergliederung des Bereichs "Wohnungsvermietung" als Sektor der volkswirtschaftlichen Gesamtrechnung[33] vorgenommen worden sind:

- Der Kreditbestand insgesamt wird in der Statistik der Deutschen Bundesbank ausgewiesen (vgl. Anhang, Tabelle XII). Ein gewisses Abgrenzungsproblem ist darin zu sehen, daß ein Teil der Beleihungen von Wohngrundstücken weder mit Baumaßnahmen noch mit dem Erwerb zu tun hat, sondern für gewerbliche oder auch für private Zwecke erfolgen kann. Bei der Berechnung der steuerlich abzugsfähigen Zinsen ist demzufolge ein Abschlag zu berücksichtigen.
- Nur ein Teil des Kreditbestands kann auf Baumaßnahmen zurückgeführt werden. Simulationsrechnungen mittels langer Zeitreihen für die Wohnungsbauinvestitionen führten zu dem

[32]In den Tabellen der Einkommensteuerstatistik über die Inanspruchnahme von Sonderregelungen kommt dies jedoch kaum zum Ausdruck. Vermutlich liegt hier eine echte Untererfassung vor, denn es ist kaum anzunehmen, daß die hohen Aufwendungen für Erhaltung im Mietwohnbereich größtenteils sofort abgesetzt werden. Zur Größenordnung: für 1986 werden unter § 82b nur 95 Tsd. Fälle mit 770 Mill. DM Absetzungen ausgewiesen.

[33]In der Gesamtrechnung des Statistischen Bundesamtes ist dies die Zusammenfassung des gesamten Wohnungsbestandes. Vom DIW ist eine Aufschlüsselung: Vermietung im eigentlichen Sinne und eigengenutzter Bereich vorgenommen worden (zitiert in Kapitel 1).

Ergebnis, daß der Kreditbestand noch bis zur Mitte der 70er Jahre auf diese Weise zu einem sehr hohen Anteil angenähert werden kann; danach war der Zuwachs der Kredite auf Wohngrundstücke jedoch in allen Jahren sehr viel höher, als dies seitens der Bauleistungen zu erklären gewesen wäre.

Im Rahmen der Modellrechnungen für den Wohnungsneubau im Zeitraum 1978 bis 1986 sind die Statistiken der Kreditinstitute und Bausparkassen über Kapitalzusagen und -auszahlungen für den Wohnungsbau herangezogen worden. Seit 1984 werden dort die Angaben explizit für den Neubau und andere Finanzierungszwecke aufgeschlüsselt. Vor 1984 sollten in dieser Statistik im Prinzip nur Angaben für den Neubau erfolgen; in Teilen bezogen sich sich die Angaben jedoch auch damals schon auf Erwerb und Modernisierung. Hier ist eine Rückrechnung bis zum Jahre 1978 vorgenommen worden, in der die verfügbaren Angaben - teilweise durch Schätzungen ergänzt - in der entsprechenden Form aufgeschlüsselt sind (vgl. Tabelle XI im Anhang). Darüber hinaus war es erforderlich, die Kreditvergabe derjenigen Institute einzugrenzen, die an dieser laufenden Berichterstattung nicht beteiligt sind. Dies sind vor allem die Geschäftsbanken und Genossenschaftsbanken. Deren Anteil an der Wohnungsbaufinanzierung ist seit Beginn der 70er Jahre stark gestiegen, was durch die Entwicklung der Kreditbestände belegt wird (vgl. Tabelle XII). Definitorisch ist die jährliche Veränderung des Kreditbestands mit den Neuauszahlungen abzüglich erfolgter Tilgungen gleichzusetzen. Auf diesem Wege ist die Kreditvergabe dieser Institute ermittelt worden, wobei die Tilgungen in einem rekursiven Ansatz berechnet worden sind.

In den Modellrechnungen, die sich auf die Bautätigkeit ab 1978 beziehen, brauchten nur die Neubaukredite berücksichtigt werden. Wie aus Tabelle XI ersichtlich, bezog sich jedoch der größere Teil der Kreditvergabe auf Erwerbsfälle und nachträgliche Baumaßnahmen. Dieser Teil ist den früheren Baualtersgruppen des Wohnungsbestands zuzurechnen, denn man kann wohl annehmen, daß nur ein geringer Teil - etwa für nachträgliche Um- und Ausbaumaßnahmen - schon auf die Bauten aus dieser Periode bezogen war.

In der Tabelle 4 sind Ergebnisse der zuvor erwähnten langfristigen Berechnungen zur Finanzierungsstruktur des Wohnungsbaus ausgewiesen worden. Sie ermöglicht einen Vergleich von Kreditbeständen, der Auszahlung von Finanzierungsmitteln und der Bauleistungen in den abgegrenzten Perioden des Wohnungsbaus seit 1949. Über die Zeitreihe der Investitionen sind - unter Berücksichtigung unterschiedlicher Tilgungsmodalitäten der eingesetzten Finanzierungsmittel - die Kreditbestände berechnet worden, die am Ende der Periode noch an den

Tabelle 4 Vergleich von Wohnungsbaukrediten und Bauleistungen nach Baualtersgruppen der Wohngebäude

Kredite, Bauleistung, Zinsen	für Wohngebäude errichtet im Zeitraum ... vor 1949	1949-68	1969-78	1979-87
Kreditbestand 1)3)	Angaben in Mrd. DM			
am Ende des jeweiligen Zeitraums				
- Kreditinstitute		133	351	707
- Bausparkassen		29	91	139
-Versicherungen		14	34	71
Insgesamt	25	176	476	917
davon:				
- Hypothekarkredite, BSp.-Darlehen	25	132	366	652
- kurzfristige Kredite	—	44	110	265
Auszahlung von neuen Krediten 2) 3)				
im jeweiligen Zeitraum				
- Kreditinstitute		111	279	655
- Bausparkassen		56	179	269
- Lebensversicherungen		13	27	49
Insgesamt		180	485	973
davon:				
- Hypothekarkredite, BSp.-Darlehen		137	287	574
- kurzfristige Kredite		43	198	399
Kredite für den Wohnungsneubau 4)		127	312	475
Kredite für sonst. Baumaßn. und Erwerb		53	173	498
zum Vergleich: 5)				
Summe Investitionen Wohnungen		384	580	854
Summe Investitionen Wohnbauten		411	613	919
Summe Wohnungsbauvolumen		451	715	1048
davon:				
Neubau von Eigenheimen		198	351	468
Neubau von Geschoßbauten		146	173	166
Bauleistung an vorh. Gebäuden		107	192	413
Zinszahlungen für Investitionen 6)				
am Ende des jeweiligen Zeitraums	1,2	10,4	30,8	57,6
im jeweiligen Zeitraum insgesamt		74	216	462
Zinszahlungen für übrige Kredite				
am Ende des jeweiligen Zeitraums	—	0,8	4,3	14,8

1) Angaben der Bankenstatistik (Deutsche Bundesbank). Für 1949 Schätzung des Wertes aus der Umstellung von Altkrediten auf DM-Beträge (Umstellungsgrundschulden).-
2) Wohnungsbau-Finanzierungsstatistik (Sparkassen, Hypothekenbanken, Bausparkassen, jedoch ohne die Geschäftsbanken); Auszahlung der Geschäftsbanken geschätzt über deren Kreditbestände.-
3) Ohne öffentliche Finanzierung.- 4) Berechnung auf Basis der Finanzierungsstatistik (Kreditzusagen), vgl.2).- 5) Investitionen Wohnbauten: Angaben der volkswirtschaftlichen Gesamtrechnung des Statistischen Bundesamtes. Wohnungsbauvolumen: Berechnungen des DIW.-
6) Berechnungen des DIW mit Bezug auf die volkswirtschaftliche Gesamtrechnung. Über die Zeitreihe der Wohnungsbauinvestitionen und die jährliche Finanzierungsstruktur wurde der Kreditbestand simuliert. Die Zinsen für übrige Kredite (nicht-investive Bauleistung, Kaufpreisfinanzierung) wurden über die Relation der Kreditbestände geschätzt.

Investitionen haften. So konnten die Zinszahlungen eingegrenzt werden, die Investitionen betreffen. Bezogen auf den Kreditbestand ergibt sich ein Durchschnittszins, der vom Verlauf des Zinsniveaus in den vorhergehenden Jahren bestimmt ist. Die Zinszahlungen für übrige Kredite sind durch Übertragung dieses Zinssatzes geschätzt worden.

In ähnlicher Weise sind die Zinszahlungen, die auf den *Wohnungsneubau* entfallen, aus denen für Investitionen abgeleitet worden, indem die Relation der Summen für die entsprechenden Bauleistungen in den einzelnen Perioden als Korrekturfaktoren herangezogen worden sind[34].

Über die Zins- und Tilgungszahlungen sowie den Kreditbestand im Bereich der privaten Haushalte lagen daneben auch Informationen aus den Einkommens- und Verbrauchsstichproben vor. Es hat sich jedoch herausgestellt, daß diese Ergebnisse für den Bereich der Wohnungsvermietung offenbar zu niedrig sind[35]; was den eigengenutzten Bereich anbetrifft, erscheinen sie als einigermaßen zuverlässig.

[34]Dieser vereinfachte Ansatz könnte noch verbessert werden, indem eine Neuberechnung auf dieser Basis vorgenommen wird.

[35]Dies hängt offenbar damit zusammen, daß die Haushalte der höheren Einkommensschichten, die über größeres Immobilienvermögen verfügen, in diesen Stichproben unterrepräsentiert sind.

3.4 Zusammengefaßte Ergebnisse für alle Baualtersgruppen

3.4.1 Steuerliche Einkünfte insgesamt und Bereich der Vermietung

In den Tabellen 5.1 bis 5.3 sind die steuerlich relevanten Ertrags- und Aufwandspositionen für den Wohnungsbestand aus der Zeit vor 1978 dargestellt worden. Tabelle 5.4 enthält eine entsprechende synoptische Zusammenfassung der ausführlichen Berechnungen für den Wohnungsbau von 1978 bis 1986; die detaillierteren Ergebnisse dieser Berechnungen für alle jährlichen Neubaumaßnahmen ab 1978 sind in den Tabellen 7.1 bis 7.6 für das Stichjahr 1986 dargestellt[36]. Tabelle 5.5 ist die Summenbetrachtung für alle Baualtersklassen im Hinblick auf die Eckwerte der Einkommensteuerstatistik. Darauf sind auch die Stichjahre ausgerichtet, auf die sich die Angaben in den Spalten beziehen.

Die Angaben über *Mieterträge*[37] stützen sich auf den Vergleich der Wohnungszählung 1987 mit der Wohnungsstichprobe 1978; für 1980 und 1983 sind die Werte, gestützt auf Ergebnisse des Mikrozensus, interpoliert worden. Etwas vereinfachend ist die Relation von Brutto- zu Nettomieten als konstant veranschlagt worden. Die verfügbaren Indikatoren deuten darauf hin, daß in dieser Zeit keine beträchtliche Änderung eingetreten ist (vgl. Tabelle VIII im Anhang).

Die Angaben über *steuerliche Abschreibungen* in den Tabellen 5.1 bis 5.3 sind über Zeitreihen für Investitionen (Mietwohnbereich) bzw. über die Bautätigkeit (Eigenheime, Eigentumswohnungen) berechnet werden. Ähnlich ist bei den Abschreibungen für Erwerbsfälle vorgegangen worden: im eigengenutzten Bereich sind die Fallzahlen mit Kaufpreisen, im Bereich Vermietung mit Preisdifferenzen (Wertsteigerungen) bewertet worden. Ein beträchtlicher Anstieg war bei den Absetzungen für nachträgliche Baumaßnahmen zu berücksichtigen. Die Schuldzinsen für Beleihungen folgen diesen beiden Trends (Erwerb, Modernisierung). Im Bereich des vermieteten Wohnraums privater Haushalte fallen sie etwas stärker ins Gewicht als beim eigengenutzten Wohnraum; dort sind sie jedoch unter steuerlichem Aspekt nicht relevant.

Die Abschreibungen für Erwerbsfälle im *eigengenutzten Bereich* beziehen sich auf die Ausdehnung der § 7b-Regelung ab 1978, wobei sich der Anstieg aus dem Kumulationseffekt

[36]Auf eine entsprechend ausführliche Darstellung für die Stichjahre 1981 und 1983 ist des Umfangs wegen verzichtet worden.

[37]Zu beachten ist, daß sich die Angaben zum Gesamtbestand - ebenso wie bei den Zinsen - auf alle Wohngebäude beziehen, also auch den Bestand gemeinnütziger Unternehmen und Körperschaften einschließen.

ergibt. Die Aufschlüsselung auf die drei Altersklassen ist in diesem Falle eine Schätzung, die an dem potentiellen Angebot an Eigenheimen aus diesen Altersklassen orientiert ist. Für die Baualtersklasse (3) sind in den betrachteten Stichjahren auch noch Abschreibungen aus der Neubautätigkeit relevant - die Degression ergibt sich daraus, daß für einen Teil dieser Fälle jeweils die 8-Jahres-Frist abgelaufen ist. Korrespondierend dazu ergibt sich ein progressiver Anstieg bei den neueren Baujahrgängen, vgl. Tabelle 5.4.

Auch auf den eigengenutzten Bereich entfallen Absetzungen für Erhaltungsaufwand, soweit nach § 82a zulässig[38]. Dieser Bereich ist hier nicht dargestellt worden, weil es sich um geringe Beträge handelt.

Bei den Abschreibungen, die sich auf *vermieteten Wohnraum* beziehen, sind für die älteren Baualtersklassen - was die *Herstellungskosten* anbetrifft - noch beträchtliche Beträge zu verzeichnen (ausgenommen die Vorkriegsbauten). Bezieht man den Anstieg infolge von *Verkäufen* mit ein[39], so zeigt sich, daß für die Gebäude-AfA des älteren Bestands (vor 1978 errichtete Gebäude) kaum ein Rückgang eintritt - im Gegenteil, per Saldo ergibt sich sogar ein Anstieg. Berücksichtigt man darüber hinaus die Absetzungen für *Erhaltungsaufwand*, so wird deutlich, daß auf den vermieteten Altbestand ein großer Teil der steuerlichen Abzugsbeträge entfällt.

Die Ergebnisse der Berechnungen zur Gebäude-AfA (Herstellungskosten) für die jüngeren Baujahrgänge des Mietwohnbereichs zeigen, daß dem Neubau stark ansteigende Verlustbeträge - als steuerliche Förderung - zuzurechnen sind. Dies gilt auch dann, wenn man die Tabellen 5.4 und 5.3 im Zusammenhang betrachtet: Für Bauten aus der Zeit nach 1978 ist die degressive Abschreibung relevant, wegen des Kumulationseffekts ist der Anstieg hier - trotz der rückläufigen Bautätigkeit - besonders stark. Für die Bauten aus der Zeit von 1969 bis 1977 galt zunächst noch die degressive Abschreibung; sie wurde indes 1973 wegen der überhitzten Baukonjunktur ausgesetzt. Tabelle 5.3 zeigt, daß die (teils degressive, teils lineare) Abschreibung auf diese Rekord-Jahrgänge des Mietwohnungsbaus auch im Jahre 1986 noch mit einer Größenordnung von 3 Mrd. DM zubuche schlug, 1978 waren es noch 4,5 Mrd. DM. Im

---

[38]Hier waren nur bestimmte Maßnahmen begünstigt (zuletzt insbesondere zur Energieeinsparung); die Regelung läuft 1991 aus.

[39]Als Bezugsbasis für die Berechnung der Abschreibungen ist dann jeweils der Anschaffungs- anstelle des Herstellungswertes relevant.

Vergleich dazu erscheinen die AfA-Beträge für die seit 1978 - in weit geringerer Zahl - neu gebauten Mietobjekte als sehr hoch - sie summierten sich bis 1986 auf 11,2 Mrd. DM.

Im unteren Teil der Tabellen ist für den Bereich normalbesteuerter Wohnungen privater Haushalte jeweils ein *Saldo der Einkünfte* ausgewiesen; dabei sind neben den AfA-Beträgen auch die Schuldzinsen von den Nettomieten[40] abgezogen worden. Für die beiden zuletzt betrachteten Baualtersklassen fallen noch hohe Zinszahlungen an; zusammengenommen waren es im Jahre 1986 21,6 Mrd. DM, das sind drei Viertel der Zinsen für den gesamten Mietwohnungsbestand, die mit 28,5 Mrd. DM eingegrenzt worden sind. Zum Vergleich: auf Gebäude-AfA entfielen 16,5 Mrd. DM, auf sonstige Kosten bzw. Vorleistungen (Differenz von Brutto- und Nettomieten) 12,3 Mrd. DM. Auch von diesen Kosten dürfte ein Teil unter die Werbungskosten im steuerlichen Sinne fallen; neben den Ausgaben für Grundsteuer, Versicherungen und Instandhaltung sind dies bei den privaten Haushalten insbesondere auch Gebühren für Dienste von Hausverwaltungen. Es muß auch nochmals darauf hingewiesen werden, daß die Absetzungen für die Baujahrgänge seit 1978 insofern unterzeichnet sind, als Kosten vor und während der Bauzeit (für Baubetreuung, Kreditvermittlung etc.) noch nicht berücksichtigt worden sind[41]. Grob geschätzt, dürfte es sich um einen Betrag in der Größe von 2 bis 3 Mrd. DM handeln, wenn man sich auf die Jahre 1980 und 1983 bezieht, in denen die Bauherren- und Erwerbermodelle die höchsten Fallzahlen verzeichneten.

Ein Resultat, das zunächst etwas überrascht, ist, daß der Saldo aus Ertrag und Aufwand für die beiden älteren Baualtersklassen eine Entwicklung zeigt, die deutlich in den negativen Bereich weist, während der Trend bei den Gebäuden aus der Zeit von 1969 bis 1977 in dem hier betrachteten Zeitraum (etwa 10 Jahre später) eher zum Positiven hin tendiert. Dahinter stehen die Annahmen über Erhaltungsaufwand und Transaktionen, die, allen Anhaltspunkten zufolge, stärker den Altbestand betrafen[42].

---

[40]Der Begriff Nettomieten ist hier so abgegrenzt worden, daß praktisch alle Kosten - außer Abschreibungen und Schuldzinsen - bereits berücksichtigt sind. Die Berechnung der geleisteten Zinsen bezieht sich auf Kapitalmarktkredite; öffentliche Baudarlehen sind also nicht einbezogen, ebensowenig eventuelle Zuschüsse zur Zinsverbilligung von Kapitalmarktkrediten.

[41]Eine Übersicht über die Gestaltungsmöglichkeiten enthalten die Einkommensteuer-Richtlinien des BMF. Unter den "ergänzenden Hinweisen" zu § 21 EStG findet sich eine Stellungnahme "Zu Fragen der negativen Einkünfte aus Vermietung und Verpachtung im Rahmen von sog. Bauherren- und Erwerbermodellen". Vgl. Einkommensteuer-Handausgabe 1988. Stollfuß-Verlag, Bonn 1989.

[42]In dieser Hinsicht sollte allerdings noch eine Überprüfung erfolgen. Bekannt ist, daß die Bauten der 70er Jahre in erheblichem Umfang Mängel im Bereich der Betonausführung aufwiesen. Die dafür erforderlichen Sanierungsarbeiten sind vielleicht zu niedrig veranschlagt worden.

Tabelle 5.1

Steuerlich relevante Einkünfte aus Vermietung und Verpachtung von Wohngebäuden nach Baualtersgruppen - Entwicklung 1977 bis 1986

Ertrags- / Aufwandsposition	**(1) Wohngebäude aus der Zeit vor 1949** Angaben für ... 1977/1978	1980	1983	1986/87
Mieterträge - Gesamtbestand				
- Bruttomieten (Mietwohnungen)	13,3	15,4	18,6	21,3
- Nettomieten (Mietwohnungen)	5,5	6,3	7,7	8,7
davon private Haushalte 1)				
- Bruttomieten (Mietwohnungen)	10,1	12,0	14,3	16,1
- Nettomieten (Mietwohnungen)	3,3	3,9	4,7	5,3
- Bruttomieten (Miet-u.Eig.-WE)	13,6	15,9	18,5	20,6
- Nettomieten (Miet-u.Eig.-WE)	4,5	5,2	6,1	6,8
Steuerl. Abschreibung / Absetzung	4,0	8,2	11,5	13,3
bezogen auf 2)				
- Herstell.- /Anschaff.-kosten	0,1	0,1	0,1	0,0
- höhere Basis nach Erwerb	0,9	3,0	4,7	6,1
- spätere Baumaßnahmen 3)	3,0	5,1	6,7	7,1
Wohngebäude privater Haushalte				
a) eigengenutzte, pauschalbesteuerte Wohnungen	0,4	1,8	3,2	4,3
AfA bezogen auf				
- Herstell.- /Anschaff.-kosten	-	-	-	-
- Erwerbsfälle 4)	0,4	1,8	3,2	4,3
b) vermietete Wohnungen (einschl. eigengen. Wohnungen in 2FH u. MFH)	3,5	6,2	8,0	8,7
AfA bezogen auf				
- Herstell.- / Ansch.-kosten	0,1	0,1	0,0	0,0
- höhere Basis nach Erwerb	0,5	1,2	1,4	1,8
- spätere Baumaßnahmen	2,9	4,9	6,5	6,9
Schuldzinsen - Gesamtbestand 5)	1,9	4,2	6,3	7,0
- für ursprüngl. Kredite	-	-	-	-
- für spätere Beleihungen	1,9	4,2	6,3	7,0
Wohngebäude privater Haushalte	1,6	3,6	5,4	6,0
davon:				
eigengenutzte, pauschalbest. WE	0,6	1,6	3,4	3,7
vermietete WE (e.eig.WE in 2FH u.MFH)	1,1	2,0	2,0	2,3
Saldo Einkünfte Vermietung priv. Haushalte	-0,0	-3,0	-4,0	-4,3

1) Im steuerlichen Sinne relevant: Mieten einschließlich des Mietwerts eigengenutzter Wonungen in Mietobjekten (Mehrfamilienhäuser und steuerlich gleich behandelte Zweifamilienhäuser).-
2) Der Wohnungsbestand bzw. die Baumaßnahmen der nicht-steuerpflichtigen gemeinnützigen Unternehmen und Körperschaften bleibt hier außer betracht. Bei den späteren Baumaßnahmen bleibt der eigengenutzte, pauschalbesteuerte Bereich außer betracht.- 3)-5) s. nächste Blätter.

Tabelle 5.2

Steuerlich relevante Einkünfte aus Vermietung und Verpachtung von Wohngebäuden nach Baualtersgruppen - Entwicklung 1977 bis 1986

Ertrags- / Aufwandsposition	**(2) Wohngebäude von 1949 bis 1968 errichtet** Angaben für ... 1977/1978	1980	1983	1986/87
Mieterträge - Gesamtbestand				
- Bruttomieten (Mietwohnungen)	20,7	23,0	27,7	31,7
- Nettomieten (Mietwohnungen)	11,7	13,0	15,7	17,9
davon private Haushalte 1)				
- Bruttomieten (Mietwohnungen)	11,9	14,1	16,8	18,8
- Nettomieten (Mietwohnungen)	5,4	6,4	7,6	8,5
- Bruttomieten (Miet-u.Eig.-WE)	16,3	19,2	22,7	25,3
- Nettomieten (Miet-u.Eig.-WE)	7,4	8,7	10,3	11,4
Steuerl. Abschreibung / Absetzung	5,3	8,3	11,0	12,9
bezogen auf 2)				
- Herstell.- /Anschaff.-kosten	2,6	2,0	2,0	2,0
- höhere Basis nach Erwerb	1,0	2,9	4,5	6,1
- spätere Baumaßnahmen 3)	1,7	3,4	4,4	4,8
Wohngebäude privater Haushalte				
a) eigengenutzte, pauschalbesteuerte Wohnungen	0,3	1,2	2,4	3,4
AfA bezogen auf				
- Herstell.- /Anschaff.-kosten	-	-	-	-
- Erwerbsfälle 4)	0,3	1,2	2,4	3,4
b) vermietete Wohnungen (einschl. eigengen. Wohnungen in 2FH u. MFH)	4,6	6,5	7,8	8,7
AfA bezogen auf				
- Herstell.- / Ansch.-kosten	2,4	1,9	1,9	1,9
- höhere Basis nach Erwerb	0,6	1,5	1,9	2,4
- spätere Baumaßnahmen	1,5	3,1	4,1	4,4
Schuldzinsen - Gesamtbestand 5)	8,6	9,9	11,2	11,8
- für ursprüngl. Kredite	6,8	6,2	5,5	4,8
- für spätere Beleihungen	1,8	3,7	5,7	7,0
Wohngebäude privater Haushalte	6,1	7,0	7,9	8,4
davon:				
eigengenutzte, pauschalbest. WE	3,0	3,2	3,7	3,8
vermietete WE (e.eig.WE in 2FH u.MFH)	3,1	3,7	4,2	4,6
Saldo Einkünfte Vermietung priv. Haushalte	-0,3	-1,6	-1,8	-1,8

1),2) vgl. Blatt 1.
3) Modernisierung, große Instandsetzungsmaßnahmen, Um-und Ausbau. Aufwendungen für laufende Instandhaltung sind bereits bei der Differenz zwischen Brutto- und Nettomieten berücksichtigt. Ein Teil dieser Maßnahmen kann als Erhaltungsaufwand sofort abgesetzt werden, ein Teil auf kurze Frist (Par. 82 EStDV), nur Ausbau wird längerfristig abgeschrieben (Restnutzungsdauer).
4),5) s. nächstes Blatt.

Tabelle 5.3

Steuerlich relevante Einkünfte aus Vermietung und Verpachtung von Wohngebäuden nach Bualtersgruppen - Entwicklung 1977 bis 1986

Ertrags- / Aufwandsposition	**(3) Wohngebäude von 1969 bis 1977 errichtet** Angaben für ... 1977/1978	1980	1983	1986/87
Mieterträge - Gesamtbestand				
- Bruttomieten (Mietwohnungen)	12,3	13,1	15,8	18,1
- Nettomieten (Mietwohnungen)	8,7	9,3	11,2	12,8
davon private Haushalte 1)				
- Bruttomieten (Mietwohnungen)	8,6	9,8	11,2	12,3
- Nettomieten (Mietwohnungen)	4,9	5,6	6,4	6,9
- Bruttomieten (Miet-u.Eig.-WE)	12,4	14,1	16,1	17,5
- Nettomieten (Miet-u.Eig.-WE)	7,0	8,0	9,1	9,9
Steuerl. Abschreibung / Absetzung	12,0	12,5	11,2	7,0
bezogen auf 2)				
- Herstell.- /Anschaff.-kosten	11,5	10,7	8,1	3,1
- höhere Basis nach Erwerb	0,2	0,8	1,3	1,9
- spätere Baumaßnahmen	0,3	1,1	1,8	2,1
Wohngebäude privater Haushalte				
a) eigengenutzte, pauschalbesteuerte Wohnungen	6,7	6,2	4,5	1,3
AfA bezogen auf				
- Herstell.- /Anschaff.-kosten	6,6	5,8	3,6	-
- Erwerbsfälle 4)	0,1	0,4	0,9	1,3
b) vermietete Wohnungen (einschl. eigengen. Wohnungen in 2FH u. MFH)	4,9	5,8	6,2	5,3
AfA bezogen auf				
- Herstell.- / Ansch.-kosten	4,5	4,5	4,1	2,9
- höhere Basis nach Erwerb	0,1	0,3	0,4	0,6
- spätere Baumaßnahmen	0,3	1,0	1,6	1,9
Schuldzinsen - Gesamtbestand 5)	17,2	16,6	15,6	15,1
- für ursprüngl. Kredite	16,9	15,5	13,4	12,4
- für spätere Beleihungen	0,3	1,1	2,2	2,7
Wohngebäude privater Haushalte	14,3	13,7	13,0	12,5
davon:				
eigengenutzte, pauschalbest. WE	7,1	7,0	6,6	6,2
vermietete WE (e.eig.WE in 2FH u.MFH)	7,1	6,7	6,4	6,3
Saldo Einkünfte Vermietung priv. Haushalte	-5,0	-4,6	-3,4	-1,7

4) Seit 1978 kann die Abschreibung nach Par. 7 b) EStG auch von Erwerbern älterer Gebäude in Anspruch genommen werden (Zahl der Käufe nach Baualtersklassen geschätzt).
5) Zinsen für ursprgl. Kredite über Zeitreihen berechnet (Finanzierungsstruktur der Investitionen); bei den Zinsen auf den Gesamtbestand erfolgte ein Abschlag (Beleihungen für sonst. Zwecke).

Tabelle 5.4

Steuerlich relevante Einkünfte aus Vermietung und Verpachtung von Wohngebäuden nach Baualtersgruppen - Entwicklung 1977 bis 1986

Ertrags- / Aufwandsposition	**(4) Wohngebäude 1978 bis 1986 errichtet** Angaben für ... 6) 1977/1978	1980	1983	1986/87
Mieterträge - Gesamtbestand				
- Bruttomieten (Mietwohnungen)	1,0	3,3	7,5	11,1
- Nettomieten (Mietwohnungen)	0,7	2,6	5,4	8,0
davon private Haushalte 1)				
- Bruttomieten (Mietwohnungen)	0,7	2,3	5,5	8,2
- Nettomieten (Mietwohnungen)	0,5	1,6	3,9	5,8
- Bruttomieten (Miet-u.Eig.-WE)	1,1	3,6	8,5	12,7
- Nettomieten (Miet-u.Eig.-WE)	0,7	2,3	5,3	8,0
Steuerl. Abschreibung / Absetzung	2,2	6,5	14,7	20,4
bezogen auf 2)				
- Herstell.- /Anschaff.-kosten	2,2	6,5	14,7	20,4
- höhere Basis nach Erwerb	-	-	-	-
- spätere Baumaßnahmen 3)	-	-	-	-
Wohngebäude privater Haushalte	2,1	6,3	14,0	19,3
a) eigengenutzte, pauschalbesteuerte Wohnungen	1,3	3,5	6,6	8,1
AfA bezogen auf				
- Herstell.- /Anschaff.-kosten	1,3	3,5	6,6	8,1
- Erwerbsfälle	-	-	-	-
b) vermietete Wohnungen (einschl. eigengen. Wohnungen in 2FH u. MFH)	0,8	2,8	7,4	11,2
AfA bezogen auf				
- Herstell.- / Ansch.-kosten	0,8	2,8	7,4	11,2
- höhere Basis nach Erwerb	-	-	-	-
- spätere Baumaßnahmen	-	-	-	-
Schuldzinsen - Gesamtbestand	2,3	11,9	23,8	31,1
- für ursprüngl. Kredite	2,3	11,9	23,8	31,1
- für spätere Beleihungen	-	-	-	-
Wohngebäude privater Haushalte	3,2	10,6	21,5	28,2
davon:				
eigengenutzte, pauschalbest. WE	1,9	6,0	10,7	12,9
vermietete WE (e.eig.WE in 2FH u.MFH)	1,2	4,6	10,8	15,3
nachrichtl.: für eigeng. Wohnungen insg.	2,3	7,3	13,5	16,7
Saldo Einkünfte Vermietung priv. Haushalte	-1,4	-5,0	-13,0	-18,5

Fn. 1) bis 5) vgl. vorhergehende Blätter.
6) Die hier ausgewiesenen Ergebnisse basieren auf detaillierten Modellrechnungen für die einzelnen Baujahrgänge bei Berücksichtigung der Steuerrechtsänderungen in dieser Zeit.
Die in den vorhergehenden Tabellen ausgewiesenen Ergebnisse basieren auf Berechnungen und Schätzungen mit vereinfachten Annahmen.

Tabelle 5.5

Steuerlich relevante Einkünfte aus Vermietung und Verpachtung von Wohngebäuden nach Baualtersgruppen - Entwicklung 1977 bis 1986

Ertrags- / Aufwandsposition	**(5) Wohngebäude alle Baualtersklassen** Angaben für ... 7) 1977/1978	1980	1983	1986/87
Mieterträge - Gesamtbestand				
- Bruttomieten (Mietwohnungen)	47,3	54,8	69,7	82,2
- Nettomieten (Mietwohnungen)	26,6	31,2	39,9	47,5
davon private Haushalte 1)				
- Bruttomieten (Mietwohnungen)	31,2	38,2	47,7	55,3
- Nettomieten (Mietwohnungen)	14,1	17,6	22,5	26,6
- Bruttomieten (Miet-u.Eig.-WE)	43,4	52,8	65,7	76,1
- Nettomieten (Miet-u.Eig.-WE)	19,5	24,2	30,7	36,1
Steuerl. Abschreibung / Absetzung	23,4	35,6	48,3	53,7
bezogen auf 2)				
- Herstell.- /Anschaff.-kosten	16,4	19,3	24,9	25,6
- höhere Basis nach Erwerb	2,1	6,7	10,5	14,1
- spätere Baumaßnahmen 3)	4,9	9,6	12,9	14,0
Wohngebäude privater Haushalte	22,4	34,0	46,1	51,0
a) eigengenutzte, pauschalbesteuerte Wohnungen	8,7	12,6	16,7	17,1
AfA bezogen auf				
- Herstell.- /Anschaff.-kosten	7,9	9,3	10,2	8,1
- Erwerbsfälle 4)	0,8	3,3	6,5	8,9
b) vermietete Wohnungen (e. eigengenutzte Wohnungen in 2FH u. MFH)	13,7	21,4	29,4	34,0
AfA bezogen auf				
- Herstell.- / Ansch.-kosten	7,8	9,2	13,5	16,0
- höhere Basis nach Erwerb	1,2	3,1	3,8	4,8
- spätere Baumaßnahmen	4,7	9,0	12,2	13,2
Schuldzinsen - Gesamtbestand 5)	30,1	42,5	57,0	65,0
- für ursprüngl. Kredite	26,1	33,5	42,8	48,3
- für spätere Beleihungen	4,0	9,0	14,2	16,7
Wohngebäude privater Haushalte	25,2	34,9	47,8	55,0
davon:				
eigengenutzte, pauschalbest. WE	12,6	17,9	24,3	26,6
vermietete WE (e.eig.WE in 2FH u.MFH)	12,5	17,1	23,5	28,5
Saldo Einkünfte Vermietung priv.HH	-6,7	-14,2	-22,2	-26,3
nachrichtlich:				
negat. Einkünfte eigengenutzter Bereich (AfA + begrenzter SZ-Abzug)	-8,7	-12,6	-18,8	-20,4

Fußnoten 1) bis 5) vgl. vorhergehende Tabellen.
7) In dieser Tabelle sind die Ergebnisse der Berechnungen für die Baualtersklassen vor 1978 und die einzelnen Jahrgänge seit dieser Zeit zusammengefaßt.

Die wichtigsten Resultate sind der Tabelle 5.5 als Zusammenfassung der Ergebnisse für die einzelnen Baualtersklassen zu entnehmen. Betrachtet werden soll zunächst die Entwicklung der Aufwandspositionen in dem gesamten Zeitraum:

- Die Abschreibungen für Wohngebäude privater Haushalte haben sich in diesen 10 Jahren mehr als verdoppelt; zuletzt (1986) waren es 51 Mrd. DM. Zu diesem Anstieg haben die nachträglichen Baumaßnahmen (Mietwohnbereich) und der Eigentümerwechsel von Gebäuden (vor allem im selbstgenutzten Bereich) mehr beigetragen als der Neubau. Bei rückläufiger Bautätigkeit stieg dennoch - infolge der verbesserten Förderung - die Summe der Abschreibungsbeträge für Herstellungskosten von 17,5 auf 24,1 Mrd. DM.
- Bei den Erwerbsfällen schlägt besonders der eigengenutzte Bereich zubuche, zuletzt mit fast 9 Mrd. DM. Für den Mietwohnbereich ist, infolge der zunehmenden Verkäufe, eine Erhöhung der AfA um fast 5 Mrd. DM (1986) zu verzeichnen; 1977 war der Mehrbetrag noch mit rund 1 Mrd. DM zu beziffern.
- Bei den Zinszahlungen zeigt sich ein ähnliches Bild wie beim AfA-Volumen. Der Gesamtbetrag, der auf private Haushalte entfällt, stieg von 25 Mrd. DM (1977) auf 55 Mrd. DM (1986). Von diesen Zahlungen ist steuerlich allerdings nur derjenige Teil relevant, der die normalbesteuerten Gebäude (Zwei- und Mehrfamilienhäuser und vermietete Eigentumswohnungen und Eigenheime) betrifft; das ist etwa die Hälfte. Infolge des begrenzten Schuldzinsenabzugs, der vorübergehend auch für eigengenutzte Objekte zulässig war, kamen jedoch in den Jahren 1983 und 1986 2,2 Mrd. DM bzw. 3,3 Mrd. DM hinzu.
- Betrachtet man den Saldo der steuerlich relevanten Einkünfte, so ergibt sich für 1977 ein Negativbetrag in Höhe von 15,4 Mrd. DM (davon 6,7 Mrd. DM aus Vermietung, 8,7 Mrd. DM für den eigengenutzten, pauschalbesteuerten Bereich), 1980 waren es rund 27 Mrd. DM, bis 1983 stieg der Betrag auf 41 Mrd. DM und 1986 erreichte er rund 47 Mrd. DM (davon 26,3 Mrd. DM negative Einkünfte aus Vermietung, 20,4 Mrd. DM für Eigennutzung).

Ein Vergleich dieser Salden mit den in Tabelle 2 ausgewiesenen Eckwerten der Einkommensteuerstatistik ist insofern schwierig, als in den vorliegenden Modellrechnungen nur mit Durchschnittswerten gearbeitet werden konnte. Die anfänglich geäußerte Vermutung, daß für die Mietwohnungen des älteren Bestands vorwiegend positive Einkünfte im Sinne der Überschußrechnung zu verzeichnen seien, wird durch die vorliegenden Ergebnisse nicht bestätigt. Im Durchschnitt wirft der Altbestand - vor allem wegen des hohen Erhaltungsaufwands - im steuerlichen Sinne Verluste ab.

Wenn, wie es die Einkommensteuerstatistik erkennen läßt, über viele Jahre ein relativ konstanter Bestand mit positiven Einkünften vorhanden ist, kann das durchaus damit zu erklären sein, daß es sich hierbei um Eigentümer handelt, die

- ihre Gebäude mit geringem Fremdkapital finanziert haben, oder
- wenig für die Erhaltung oder Verbesserung reinvestieren bzw.
- über Gebäude mit beträchtlichen Gewerbemieten verfügen.

Welche der Erklärungen zutrifft, kann nicht beantwortet werden; wahrscheinlich lassen sich für alle gute Beispielfälle anführen.

Ein Vergleich der Tabelle 2 mit der Tabelle 5.5 ist also nur in der Form möglich, daß man auch dort einen Durchschnitt bildet, indem man die Fälle mit positiven und diejenigen mit negativen Einkünften zusammenfaßt. Die *saldierten Beträge* (positive Einkünfte, ausgeglichene sowie nicht ausgeglichene Verluste) laut Einkommensteuerstatistik zeigen *für den Bereich Vermietung* folgende Entwicklung (in Mrd. DM):

1977	1980	1983	1986
-0,8	-11,2	-19,2	-20,5

Hält man den in Tabelle 5.5 ausgewiesenen Saldo, der in allen Stichjahren höher ist, dagegen, so betragen die verbleibenden Differenzen (in Mrd. DM):

-5,9	-3,0	-3,0	-5,8

Angesichts der vielen Lücken des empirischen Materials, die durch Schätzungen und modellmäßige Eingrenzungen zu überbrücken waren, kann man auch angesichts dieser Abweichungen, die noch zu erklären wären, von einem befriedigenden Ergebnis der Modellrechnungen sprechen. Einige Ursachen für diese Differenzen sind ersichtlich:

- Auf der Ertragsseite sind nur die Wohnungsmieten (einschließlich Eigenmieten) berücksichtigt worden. Die *Mieterträge aus gewerblich genutzten Flächen* in Wohngebäuden und anderen Mietobjekten könnten durchaus in der Größenordnung von 5 bis 8 Mrd. DM (als steigender Betrag) veranschlagt werden. Damit würde sich die Minus-Abweichung von den Eckwerten der Einkommensteuerstatistik bereits aufheben.

- Die nicht erfaßten *Bauzeit-Werbungskosten* dürften, wie bereits angesprochen, im Zeitraum 1979 bis 1984 größere Bedeutung gehabt haben. Dies könnte die Ursache dafür sein, daß die Differenzen in den Stichjahren 1980 und 1983 geringer ausfielen.

In dieser Hinsicht könnten die Untersuchungen noch ergänzt werden. Jedenfalls konnte gezeigt werden, daß das grundsätzliche Ziel einer Aufschlüsselung der in der Einkommensteuerstatistik ausgewiesenen globalen Beträge für die Einkünfte aus Vermietung und Verpachtung mit einer längerfristigen empirischen Modellrechnung erreicht werden kann.

3.4.2 Eigengenutzter, pauschalbesteuerter Bereich

Der Vergleich für den *Bereich eigengenutzter pauschalbesteuerter Wohnungen* zeigt, daß die Ergebnisse der vorliegenden Modellrechnungen (Tabelle 5.5) stärker von den Daten der Einkommensteuerstatistik abweichen. Die berechneten Werte für das Abschreibungsvolumen gemäß § 7b EStG für den eigengenutzten, pauschalbesteuerten Bereich liegen in den Jahren 1977 um 15 vH und 1980 um ca 23 vH, in den Jahren 1983 und 1986 sogar um mehr als ein Drittel über den Werten, die in der Statistik ausgewiesen werden, wenn man von diesen - wie in Tabelle 2 angenommen, etwa 10 vH vermieteten Objekten zurechnet. Das war Anlaß für einige Überprüfungen, die zunächst das "Mengengerüst" betrafen. Dennoch konnte keine Schwachstelle gefunden werden, die auf Anhieb eine Korrektur in dieser Größenordnung zuließe[43]. Es scheint durchaus auch die Frage gerechtfertigt, ob diese Abweichung zum Teil auf eine unvollständige Erfassung der Sonderbegünstigungen in der Statistik zurückzuführen sein könnten[44].

Was die Modellrechnungen anbetrifft, sollen folgende Aspekte geprüft werden:

- Bei den jährlich berücksichtigten Fallzahlen sind aus der *Neubautätigkeit* in erster Linie die Einfamilienhäuser und Eigentumswohnungen berücksichtigt worden, wobei die Quoten der vermieteten Objekte auf die GWZ 1987 und die 1 % WSt 1978 gestützt sind; in diesem Bereich sind also kaum Fehler möglich. Zu prüfen bleibt dann, ob der Anteil selbstgenutzter Zweifamilienhäuser, die bei der Pauschalbesteuerung miteinbezogen werden, noch niedriger

[43]Allenfalls könnte eine mögliche Erklärung darin liegen, daß für einen zunehmenden Teil der Neubau- oder Erwerbsfälle selbstgenutzter Wohnungen wegen des sogenannten "Objektverzehrs" Abschreibungen gemäß § 7b nicht mehr beansprucht werden konnten.

[44]Vgl. die Anmerkungen in Kapitel 2 zur statistischen Erhebung der Sondervergünstigungen.

zu veranschlagen oder sogar völlig zu vernachlässigen wäre[45].

- Daneben müssen die Annahmen über die Zahl der Erwerbsfälle von Eigenheimen und Eigentumswohnungen unter Umständen korrigiert werden, obwohl hier ohnehin vorsichtige Schätzungen erfolgten.

- Als dritte Ursache kommen die Werte für Herstellungs- bzw. Anschaffungskosten in Betracht. Zwar wird allgemein angenommen, daß die bei § 7b maßgeblichen Höchstbeträge (vgl. Tabelle 3) in der Mehrzahl der Fälle unter den tatsächlichen Kosten liegen, in der Regel also als Basiswert relevant sind. Dies kann aber in den Bereichen Eigentumswohnungen und Alterwerb anders sein.

In den Modellrechnungen für die Baujahrgänge 1978 bis 1986 ist für die relevanten Fälle jeweils ein Vergleich der durchschnittlichen Neubaukosten mit den Höchstbeträgen erfolgt, wobei der niedrigere Wert gewählt wurde. Theoretisch könnte dies ein Fehler sein, vor allem dann, wenn Durchschnittswert und Höchstbetrag nahe beieinander liegen[46]. In dieser Hinsicht soll eine Verbesserung der Modellrechnungen gesucht werden. Es werden aber auch weitere Gespräche mit Experten bezüglich der Statistik zu führen sein.

Um die Problematik der Ergebnisse für den Bereich des § 7b EStG zu veranschaulichen, sind in den Tabellen 6.1 und 6.2 die Ergebnisse der Einkommensteuerstatistik und eine Berechnung zum jeweils relevanten Mengengerüst laut Bautätigkeitsstatistik gegenübergestellt worden. Auf diese Weise kann gezeigt werden, daß die oben angesprochenen hohen Differenzen zwischen Modellrechnung und Statistik nicht nur bei den Werten, sondern schon bei den Fallzahlen angelegt sind.

Bei den in der Einkommensteuerstatistik ausgewiesenen "Fällen" handelt es sich allerdings nicht um Objekte (Gebäude, Wohnungen), sondern um die Zahl der veranlagten Steuerpflichtigen. Diese Zahl müßte eher höher sein als die der Objekte, weil ein Objekt u.U. bei mehreren Steuerpflichtigen zubuche schlägt und jeder Steuerpflichtige nur einmal den § 7b beanspruchen kann (Objektbeschränkung). Dementsprechend müßte auch der durchschnittliche steuerliche

---

[45]Dabei ist zu beachten, daß in den vorliegenden Modellrechnungen angenommen wurde, daß nur ein geringer Teil der Bauherren von Zweifamilienhäusern die Pauschalbesteuerung wählte; in Steuerschätzungen des BMF und BMBau ist eine höhere Quote zugrundegelegt worden.

[46]Nimmt man eine Normalverteilung der Baukosten um den Mittelwert an, so wären nur die Werte unterhalb des Höchstbetrags (linke Hälfte der Verteilung) bzw. deren Durchschnitt zu berücksichtigen.

Absetzungsbetrag je Fall etwas geringer sein als der Durchschnittsbetrag je Wohneinheit (5 % Abschreibung bezogen auf die Herstellungs- bzw. Anschaffungskosten).

Tabelle 6.1 zeigt, daß die Zahl der Fälle laut Einkommensteuerstatistik von 1,55 Mill. (1977) auf 1,95 Mill. (1983) gestiegen und dann wieder gefallen ist. Der Durchschnittsbetrag hat sich seit 1977 von 5 500 DM bis 1986 auf 7 500 DM vergrößert.

Betrachtet man die Zahl der zum jeweiligen Stichjahr in betracht kommenden Objekte (im oberen Teil von Tabelle 6.2), so besteht scheinbar eine gute Beziehung zu den genannten Fallzahlen. Jedoch steht fest (Ergebnis von Wohnungsstichprobe und -zählung), daß nur ein Teil der Eigenheime und Eigentumswohnungen vom Eigentümer selbst genutzt wird; außerdem kann die Ausdehung des § 7b auf den Alterwerb seit 1977 nicht ohne Resonanz geblieben sein, d.h.,ein Teil der Fälle laut ESt-Statistik kann nicht dem Neubau zugeschrieben werden.

Im zweiten Block der Tabelle 6.2 sind die neugebauten Objekte (mit Quoten, die sich auf die Wohnungsstatistik stützen) dem eigengenutzten Bereich zugeordnet worden. Im dritten Block ist zusätzlich - mittels geschätzter Quoten - eine Zahl von Objekten eingegrenzt worden, für die § 7b bei Vermietung in Anspruch genommen wird. Diese Zahl dürfte rückläufig gewesen sein, weil die normale degressive AfA den Vorteil aus § 7b spätestens 1982 eingeholt hat; bis dahin war - je nach Objekt und Kosten - der Nachteil geringerer normaler AfA-Sätze gegen die Höchstbetragsgrenze beim § 7b abzuwägen.

Im unteren Teil der Tabelle sind Daten über den Altererwerb ausgewiesen, wie sie in den vorliegenden Modellrechnungen (Tabelle 5) zugrundegelegt worden sind. Faßt man die Zahlen der für die Inanspruchnahme von § 7b relevanten Objekte zusammen, so zeigt sich, daß nur im Jahr 1977 eine gute Übereinstimmung besteht. In den folgenden Jahren wird die Differenz gegenüber den Fallzahlen laut ESt-Statistik immer größer. Im Jahre 1983 fehlen in der ESt-Statistik 280 Tsd. Objekte, für 1986 ergibt sich eine Untererfassung um 550 Tsd. Objekte.

Die in Tabelle 6.2 ausgewiesenen AfA-Beträge basieren auf durchschnittlichen Kosten der Gebäude bzw. Wohnungen laut Bautätigkeitsstatistik und Angaben in den Immobilienmarkt-analysen, wobei die Höchstbeträge gemäß § 7b berücksichtigt wurden. Sie sind im Durchschnitt aller Objekte um 10 bis 15 vH höher als die Werte je Fall, die sich aus der ESt-Statistik ergeben. Diese Abweichung könnte durchaus dadurch zu erklären sein, daß in der ESt-Statistik Beträge je Veranlagungsfall - also nicht für Objekte - ermittelt worden sind. Wie bereits angesprochen, bleibt außerdem zu prüfen, ob die Ansätze für Durchschnittskosten in Tabelle 6.2 - unter Berücksichtigung der Streuung und der Kappung durch die Höchstbeträge - noch nach unten korrigiert werden müßten.

Bei einem Vergleich der in Tabelle 6.2 ermittelten Gesamtbeträge für den eigengenutzten, pauschalbesteuerten Wohnraum mit den Ergebnissen der ausführlichen Modellrechnungen (Tabelle 5.5) ist zu berücksichtigen, daß dort die Daten für die Baugenehmigungen, hier hingegen die für fertiggestellte Gebäude als Ausgangsbasis dienten. Wegen der zeitlichen Verschiebung führt das zu Abweichungen in den jeweiligen Stichjahren; z.B. ergibt sich in Tabelle 6.2 für 1983 ein Betrag von 8,3 für 1987 von 8,7 Mrd. DM, die vergleichbaren Werte in Tabelle 5.5 lauten 10,2 und 8,1 Mrd. DM.

Derartige Spannen, die die Frage einer exakten Periodenzurechnung betreffen, kann man einstweilen inkauf nehmen. Die Ausgangsfrage für diese zusätzlichen Überschlagsrechnungen war die Divergenz im Vergleich zu den Angaben der Einkommensteuerstatistik über die Inanspruchnahme des § 7b. Für das Jahr 1986 ergibt sich aus der Statistik ein Gesamtbetrag (einschl. Vermietungsfälle) in Höhe von 13,1 Mrd. DM. Die vorliegenden Berechnungen führten jedoch - bereits ohne die angenommenen Vermietungsfälle - zu einem sehr viel höheren Betrag. Dies liegt weniger an den veranschlagten Kosten der Objekte, sondern an den Fallzahlen. Bei der Einkommensteuerstatistik liegt allem Anschein nach eine zunehmende Untererfassung vor, die erhebungstechnisch bedingt ist.

Falls sich diese Vermutung nicht erhärten läßt, könnte bei den vorliegenden Modellrechnungen der Fehler wohl eher den Bereich Vermietung betreffen: Die dort als Abschreibungsfälle nach § 7 b eingestuften Wohnungen würden dann im Ergebnis des AfA-Volumens in den letzten Jahren eher nach oben zu korrigieren sein. Was den eigengenutzten Bereich betrifft, so könnte bei den Erwerbsfällen eine Korrektur nach unten erforderlich sein, nämlich dann, wenn sich belegen ließe, daß bei den Erhebungen, auf die die Fallzahlen gestützt sind, zwar Eigennutzung als Erwerbsmotiv angegeben worden ist, dies aber teilweise daran scheiterte, daß die Wohnungen beim Kauf vermietet waren.

Tabelle 6.1 Inanspruchnahme der steuerlichen Eigentumsförderung laut Einkommensteuerstatistik

Stichjahr der Statistik	1977		1980		1983		1986	
	Fälle in 1000	AfA je Fall 1000 DM	Fälle in 1000	AfA je Fall 1000 DM	Fälle in 1000	AfA je Fall 1000 DM	Fälle in 1000	AfA je Fall 1000 DM
a) natürliche Personen	1505	5,45	1813	6,12	1902	6,74	1707	7,44
mit pos. Eink. veranlagt	1480	5,43	1774	6,10	1843	6,72	1655	7,41
Verlustfälle	25	6,40	39	6,82	59	7,46	52	8,40
b) Gesellsch./ Gemeinsch.	35	6,20	49	6,55	52	14,31	49	7,88
mit pos. Eink. veranlagt	7	5,14	6	4,67	4	5,75	4	5,25
Verlustfälle	28	6,46	43	6,81	48	15,02	45	8,11

Vgl.: Steuerliche Sondervergünstigungen gem. Par. 7b und 54 EStG, einschließlich erhöhte Absetzungen für 1-und 2FH gem. Berlin-FG.

Tabelle 6.2 Vergleich der Fallzahlen (Steuerpflichtige) und der Objekte (Neubau und Erwerbsfälle)

relevanter Zeitraum des Neubaus / Erwerbs	1970 bis 1977		1973 bis 1980		1976 bis 1983		1979 bis 1986	
	Objekte in 1000	AfA je Fall 1000 DM	Objekte in 1000	AfA je Fall 1000 DM	Objekte in 1000	AfA je Fall 1000 DM	Objekte in 1000	AfA je Fall 1000 DM
	als Neubau fertiggestellte Gebäude bzw. Wohnungen (Bautätigkeitsstatistik)							
Einfamilienhäuser	1085		1175		1085		894	
Zweifamilienhäuser	353		336		325		318	
Eigentumswohnungen	397		425		444		520	
	davon:		*eigengenutzte, pauschalbesteuerte Objekte*					
Einfamilienhäuser	85%	6,50	85%	7,00	85%	7,50	85%	8,75
Zweifamilienhäuser	20%	9,00	20%	10,00	15%	10,00	15%	11,50
Eigentumswohnungen	43%	3,00	42%	4,50	41%	5,00	41%	7,25
Ingesamt	1163	6,14	1245	6,80	1154	7,21	1021	8,57
			vermietete Objekte (Überschußrechnung mit Par. 7b)					
Einfamilienhäuser	10%	6,50	10%	7,00	5%	7,50	5%	8,75
Zweifamilienhäuser	20%	9,00	20%	10,00	15%	10,00	10%	11,50
Eigentumswohnungen	25%	3,00	25%	4,50	20%	5,00	15%	7,25
Ingesamt	278	5,89	291	6,78	192	6,98	154	8,56
	zusätzlich:		*Erwerb vorhandener Objekte für Eigennutzung (pauschalbesteuert)*					
Ein- u. Zweifamilienhäuser	80	7,50	320	8,00	545	8,50	610	9,50
Eigentumswohnungen	40	4,00	160	4,50	340	5,50	525	5,85
Ingesamt	120	6,33	480	6,83	885	7,35	1135	7,81
Insgesamt Neubau, Erwerb	1561	6,11	2016	6,81	2231	7,24	2310	8,19

3.5 Ergebnisse der Berechnungen für den Zeitraum 1978 bis 1986

3.5.1 Hinweise zur Methode

In den nachfolgenden Tabellen sind ausgewählte Ergebnisse der jahrgangsweisen Modellrechnungen ausgewiesen. Eine Darstellung der Berechnungen für die einzelnen Jahrgänge im Zeitablauf wäre zu umfangreich. Dies entspricht auch nicht der Fragestellung für die vorliegende Untersuchung. Zwar kann eine derartige Betrachtung durchaus von Interesse sein, wenn es darum geht, die Steuerentlastung zu beziffern, die sich bei bestimmten Investoren oder Objekten unter gegebenen Rahmenbedingungen über einen längeren Zeitraum ergibt. Bei der vorliegenden Modellrechnung ging es jedoch darum, die steuerlichen Effekte für bestimmte Stichjahre darzustellen, das entspricht einer Querschnittsbetrachtung über alle vorhergehenden Baujahrgänge, wobei zu beachten ist, daß sich bei den steuerlichen Regelungen im Laufe der Zeit Veränderungen ergeben haben. Zunächst sind einige Hinweise zur Datenbasis und Methode der Berechnungen erforderlich.

- Als Ausgangsdaten dienten Angaben über die Baugenehmigungen - für den Wohnungsbau insgesamt - und der Bewilligungsstatistik - für den Teil der Gebäude und Wohnungen, die öffentlich gefördert wurden. Diese Daten wurden bezüglich der effektiven Baukosten mit Hilfe der Bauvolumensrechnung korrigiert, denn bei den Baugenehmigungen werden nur die veranschlagten reinen Baukosten erfragt (in der Bewilligungsstatistik liegen auch die Gesamtkosten vor). auf eine genaue periodische Abgrenzung und eine jährliche Niveaukorrektur (mit Bezug auf die Baufertigstellungen) ist hier verzichtet worden. Allerdings entspricht die Gesamtzahl der genehmigten Wohnungen etwa den Fertigstellungen in diesem Zeitraum; auch im Hinblick auf das Ergebnis der GWZ 1987 sind Zahl und Struktur der Bauten kompatibel. Differenzen lassen sich durch Umwidmungen und Ausbauten, die in dieser Zeit erfolgt sein können, erklären (vgl. Tabelle IV im Anhang).

- Weil die *Finanzierungsstruktur* des Wohnungsbaus im Hinblick auf die Erträge und Aufwendungen - auch in steuerlicher Sicht - von besonderer Bedeutung ist, sind als empirische Daten die Kreditzusagen der Banken und Bausparkassen herangezogen worden, wobei ergänzende Schätzungen für den Bereich der Geschäfts- und Genossenschaftsbanken erforderlich waren. Außerdem mußten gewisse Niveaukorrekturen im Vergleich zu den tatsächlichen Auszahlungen vorgenommen werden. Die Finanzierungsstruktur der öffentlich geförderten Wohnungen wird in der Bewilligungsstatistik detailliert erfaßt, die Struktur für den freifinanzierten Bereich konnte also als Differenzrechnung eingegrenzt werden.

- Ebenso wichtig schien eine möglichst genaue Darstellung der *Mietenentwicklung*. Über die Anfangsmieten neu geplanter Wohnungen gibt es nur Teilinformationen; die Datenlage ist im öffentlich geförderten Bereich günstiger. Hier sind die Anfangsmieten je m^2 Wohnfläche jahrgangsweise vorgegeben und mit plausiblen Zuwachsraten fortgeschrieben worden. Eine Kontrolle bot das Ergebnis der effektiven Mieten im Jahre 1987, das in der GWZ auch für den Teilbestand der Wohnungen vorliegt, die nach 1978 errichtet worden sind.

- Die GWZ 1987 lieferte für diesen Teilbestand auch Informationen über den *Anteil eigengenutzter und vermieteter Wohnungen*. Was Ein- und Zweifamilienhäuser und Gebäude mit Eigentumswohnungen anbetrifft, waren die verfügbaren Angaben[47] jedoch nicht so weit aufgeschlüsselt, wie hier benötigt. Da andererseits die Eigentümerstruktur ausgewiesen ist, konnte die Vermietung derartiger Objekte durch private Haushalte sehr wohl eingegrenzt werden, denn es ist kaum anzunehmen, daß institutionelle Eigentümer solche Gebäude bzw. Wohnungen selbst nutzen. Damit standen Quoten für die Vermietung von Ein-, Zwei- und Mehrfamilienhäusern (darunter mit Eigentumswohnungen) für den neueren Wohnungsbestand zur Verfügung, die empirisch fundiert sind.

Die Zahl der Gebäude und Wohneinheiten nach ihrer Nutzungsart als "Mengengerüst" der Berechnungen für den Zeitraum 1978 bis 1986 ist in Tabelle III (Anhang) dargestellt. Vereinfachend mußte von den genehmigten Wohnungen ausgegangen werden, da in der Bautätigkeitsstatistik nur für diese Daten jährlich eine vollständige Aufschlüsselung nach Gebäudetypen und Bauherren vorliegt, die darüber hinaus eine Angabe über die Absicht der Eigennutzung enthält. Um mögliche Fehlerspannen gegenüber der tatsächlichen Bautätigkeit und der Nutzung (z.B. "unechte Zweifamilienhäuser") einzugrenzen, bot sich ein Vergleich mit dem GWZ-Ergebnis für den entsprechenden Teilbestand an. Dabei sind einige bemerkenswerte Abweichungen festgestellt worden, die jedoch durchaus als Veränderungen des Gebäudetyps infolge von Um- und Ausbaumaßnahmen oder Umwidmungen erklärt werden können, die in dieser Zeit erfolgt sein könnten (vgl. Tabelle IV und die Anmerkungen im Anhang). Die Größenordnung insgesamt - 1,48 Mill. genehmigte Wohngebäude mit 2,82 Mill. Wohnungen - deckt sich jedoch gut mit der Bestandsangabe aus der GWZ - 1,49 Mill. Wohngebäude mit 2,77 Mill. Wohnungen.

---

[47]Vgl. Statistisches Bundesamt, Fachserie 5: Gebäude und Wohnungszählung vom 25. Mai 1987; Heft 1 "Ausgewählte Strukturdaten für Bund und Länder, S. 46 und Heft 3, Teil 2 "Struktur und Belegung des Wohnungsbestandes", S. 18.

3.5.2 Steuerlich relevante Einkünfte im Jahre 1986

Die steuerlich relevanten Einkünfte sind nach dem Schema: Nettomieten abzüglich Abschreibungen und geleistete Schuldzinsen ermittelt worden. Die für die einzelnen Stufen vorgegebenen oder ermittelten Werte sind in den Tabellen 7.3 bis 7.6 ausgewiesen, die eigentlichen Ergebnisgrößen - insgesamt und je Wohneinheit - sind in Tabelle 7.1 und 7.2 dargestellt. Bei den Durchschnittsbeträgen je Wohneinheit ist allerdings zu beachten, daß dahinter beträchtliche Veränderungen von Jahr zu Jahr stehen, die hier nicht ersichtlich werden; in der Regel war es ein Zuwachs. Als Gründe sind - neben den Änderungen des Steuerrechts, die höhere AfA-Sätze und, für den eigengenutzten Bereich, einen befristeten Schuldzinsenabzug betrafen - auch die Entwicklung von Baukosten und Zinsen zu nennen.

Zu den Tabellen 7.3 bis 7.6 sind folgende Hinweise erforderlich:

- Neben den *Bruttomieten* für die Mietwohnungen im engeren Sinne, waren auch Mietwerte eingegenutzter Wohneinheiten zu berücksichtigen, sofern eine Besteuerung nach der Überschußrechnung relevant ist. Als Basis für deren Berechnung sind die Wohnflächen herangezogen worden; für eigengenutzte Wohnungen sind die m^2-Mieten für echte Mietwohnungen des entsprechenden Gebäudetyps übertragen worden. Dies gilt auch für die *Nettomieten*, womit gleiche Quoten für Aufwendungen (Gebühren, Versicherungen, Instandhaltung) unterstellt werden.

- Für selbstgenutzte Wohneinheiten, die unter die *Pauschalbesteuerung* fallen (Einfamilienhäuser, Eigentumswohnungen und ein geringer Teil der Zweifamilienhäuser), sind die *Nettomieten* gleich Null gesetzt worden (obwohl bei den Bruttomieten teilweise Werte ermittelt und ausgewiesen worden sind). Für diese Fälle sind als steuerliche Einkünfte nur die AfA-Beträge gemäß § 7b (und ab 1983 begrenzte Zinszahlungen) berücksichtigt worden. Unterstellt wurde, daß der pauschalierte Nutzungswert (gemäß § 21a) durch sonstige Werbungskosten ausgeschöpft wird.

- Die Berechnung der *Abschreibungen* stützt sich auf die statistischen Angaben zu den veranschlagten Baukosten (nicht öffentlich geförderte Wohnungen) bzw. die gesamten Herstellungskosten (öffentlich geförderte Wohnungen). Für den erstgenannten Bereich mußten entsprechende Zuschläge für Architektenleistungen, Gebühren, Außenanlagen etc.) berücksichtigt werden, um die Gesamtkosten der Gebäude zu beziffern. Bei pauschalbesteuerten Objekten sind die durchschnittlichen Kosten mit den relevanten Höchstbeträgen verglichen und der niedrigere Wert berücksichtigt worden. Bei den normalbesteuerten Objekten sind die im Zeitablauf gestaffelten AfA-Sätze gemäß § 7 (5) verwendet worden.

- Die *geleisteten Zinsen* basieren auf den jährlich ermittelten durchschnittlichen Kreditfinanzierungsquoten für die Gebäudetypen. Dabei wurde lediglich nach Bankkrediten und Bausparkrediten unterschieden; für Bankkredite wurden die jeweiligen effektiven Zinssätze für Hypotheken verwendet. Der Verlauf der Zinszahlungen für die einzelnen Baujahrgänge wurde jeweils durch ein Annuitätenmodell unter Berücksichtigung der Tilgung fortgeschrieben.

Anhand der in den Tabellen 7.3 bis 7.6 ausgewiesenen Ergebnisse aller Teilberechnungen können die ermittelten Größen für die steuerlich relevanten Einkünfte (Tabellen 7.1 und 7.2) leicht nachvollzogen werden. Hierzu zwei Beispiele:

- Für eigengenutzte Einfamilienhäuser sind die steuerlichen Einkünfte 1986 mit -8,03 Mrd. DM ermittelt worden. Nettomieten (gleich Null gesetzt) abzüglich Abschreibungen ergeben jedoch nur -6,01 Mrd. DM; die Differenz -2,02 Mrd. DM ist der Teil der geleisteten Zinsen, der für die Baujahrgänge 1983 bis 1986 absetzbar war. Der Durchschnittsbetrag je Wohneinheit wurde 1986 mit 9 610 DM beziffert; für die Jahrgänge bis 1982 waren es nur 7 500 DM (5 % von 150 000 DM), ab 1982 stieg der Betrag auf 10 000 DM, ab 1983 erhöhte er sich infolge des begrenzten Zinsabzugs auf bis zu 20 000 DM in den ersten drei Jahren.

- Für vermietete Eigentumswohnungen privater Haushalte sind die steuerlichen Einkünfte 1986 mit -4,06 Mrd. DM angegeben. Die Nettomieten (1,36 Mrd. DM) sind mit 75 vH der Bruttomieten relativ hoch veranschlagt worden, wenn man bedenkt, daß für diesen Bereich eher überdurchschnittliche Verwaltungskosten anfallen. Als Absetzungen schlagen die Abschreibungen mit 2,03 Mrd. DM zubuche, noch stärker fallen die Zinsen mit 3,38 Mrd. DM ins Gewicht. Der durchschnittliche steuerliche Negativbetrag je Wohneinheit ist für diese Fallgruppe sehr viel höher als bei normalen Mietwohnungen. Dafür gibt es mehrere Gründe: die Wohnungen sind im Durchschnitt etwas größer, aber auch die Baukosten je m^2 Wohnfläche und die Fremdfinanzierungsquote weichen deutlich nach oben ab. Bei den normalen Mietwohnungen privater Haushalte ergibt sich auch deshalb ein vergleichsweise niedriger Minusbetrag, weil der Anteil öffentlich geförderter Wohnungen größer ist, bei denen die Zinsbelastung gering ist.

Bei den Ergebnissen ist allerdings zu beachten, daß die öffentlichen Finanzierungsmittel hier nicht berücksichtigt worden sind. Es wurde vereinfachend unterstellt, daß keine Zinszahlungen anfallen. Auf der anderen Seite blieben öffentliche Hilfen, die teilweise als Zins- und Tilgungszuschüsse für Kapitalmarktmittel gewährt werden, ebenfalls außer betracht.

Beim Vergleich der Zahl der geförderten Wohnungen (hier laut Bewilligungsstatistik) mit denen der GWZ 1987 ist zu beachten, daß dort nur Wohnungen des 1. Förderungswegs erfaßt werden sollten. In der vorliegenden Modellrechnung ergibt sich vor allem bei den Eigenheimen eine Abweichung nach oben. Aus steuerlicher Sicht fällt diese unterschiedliche Abgrenzung jedoch nicht ins Gewicht, weil die Kreditkosten im pauschalbesteuerten Bereich nicht relevant sind.

Da aus der Bewilligungsstatistik Zeitreihen für die Zahl der geförderten Wohnungen nach Förderungswegen, Bauherren, Art der Objekte sowie ausführliche Angaben zur jeweiligen Finanzierung verfügbar sind, wäre es möglich, die Modellrechnungen in dem Sinne weiterzuentwickeln, daß neben der Darstellung steuerlicher Effekte - die hier im Vordergrund standen - auch die im Zeitverlauf kumulierten Kosten der direkten Förderung des Wohnungsbaus berechnet werden. Damit stünde ein vollständiges Modell zur Darstellung der Beteiligung des Staates an der Finanzierung des Wohnungsbaus zur Verfügung.

Tabelle 7.1 Ergebnisse der Modellrechnungen für den Zeitraum 1978 bis 1986

einzelne Baujahrgänge Genehmigungen lt. BT-Stat.	Zahl der Gebäude und Wohnungen nach Nutzungsart			davon: öffentlich gefördert			nicht öffentlich gefördert		
1978 bis 1986 errichtete Gebäude	Insgesamt	Eigent.-wohnungen	Miet-wohnungen	Wohnungen	Eigent.-wohnungen	Miet-wohnungen	Wohnungen	Eigent.-wohnungen	Miet-wohnungen
	Steuerlich relevante Einkünfte 1986 in Mrd. DM								
Wohngebäude mit 1 Wohnung	-11,06	-8,03	-3,04	-2,87	-2,87		-8,19	-5,15	-3,04
im Eigentum von :									
privaten Haushalten (ohne WEG)	-10,28	-8,03	-2,25	-2,87	-2,87		-7,41	-5,15	-2,25
Gemeinsch. v. Wohnungseigentümern									
privaten Haushalten insgesamt	-10,28	-8,03	-2,25	-2,87	-2,87		-7,41	-5,15	-2,25
Gemeinn.WU u.öff.Inst.									
Freie WU u.sonst.Eigent.	-0,78		-0,78				-0,78		-0,78
Wohngebäude mit 2 Wohnungen	-10,12	-5,34	-4,78	-0,42	-0,24	-0,18	-9,70	-5,10	-4,59
im Eigentum von :									
privaten Haushalten (ohne WEG)	-9,50	-5,20	-4,30	-0,30	-0,19	-0,12	-9,19	-5,01	-4,18
Gemeinsch. v. Wohnungseigentümern	-0,45	-0,14	-0,31	-0,11	-0,05	-0,05	-0,35	-0,09	-0,26
privaten Haushalten insgesamt	-9,95	-5,34	-4,61	-0,41	-0,24	-0,17	-9,54	-5,10	-4,44
Gemeinn.WU u.öff.Inst.									
Freie WU u.sonst.Eigent.	-0,17		-0,17	-0,01		-0,01	-0,16		-0,16
Wohngebäude mit 3 u.m. Wohngn.	-10,03	-2,24	-7,79	-1,32	-0,33	-0,99	-8,71	-1,91	-6,81
im Eigentum von :									
privaten Haushalten (ohne WEG)	-3,39	-0,25	-3,14	-0,30	-0,03	-0,27	-3,09	-0,22	-2,87
Gemeinsch. v. Wohnungseigentümern	-6,05	-1,99	-4,06	-0,68	-0,30	-0,39	-5,36	-1,69	-3,67
privaten Haushalten insgesamt	-9,44	-2,24	-7,20	-0,99	-0,33	-0,66	-8,45	-1,91	-6,55
Gemeinn.WU u.öff.Inst.									
Freie WU u.sonst.Eigent.	-0,59		-0,59	-0,33		-0,33	-0,26		-0,26
Wohngebäude insgesamt	-31,21	-15,60	-15,61	-4,61	-3,44	-1,17	-26,60	-12,16	-14,44
im Eigentum von :									
privaten Haushalten (ohne WEG)	-23,17	-13,47	-9,70	-3,48	-3,09	-0,39	-19,69	-10,38	-9,31
Gemeinsch. v. Wohnungseigentümern	-6,50	-2,13	-4,37	-0,79	-0,35	-0,44	-5,71	-1,78	-3,93
privaten Haushalten insgesamt	-29,67	-15,60	-14,07	-4,27	-3,44	-0,83	-25,40	-12,16	-13,24
Gemeinn.WU u.öff.Inst.									
Freie WU u.sonst.Eigent.	-1,54		-1,54	-0,34		-0,34	-1,20		-1,20

Tabelle 7.2 Ergebnisse der Modellrechnungen für den Zeitraum 1978 bis 1986

einzelne Baujahrgänge Genehmigungen lt. BT-Stat.	Zahl der Gebäude und Wohnungen nach Nutzungsart			davon: öffentlich gefördert			nicht öffentlich gefördert		
1978 bis 1986 errichtete Gebäude	Insge-samt	Eigent.-wohnungen	Miet-wohnungen	Woh-nungen	Eigent.-wohnungen	Miet-wohnungen	Woh-nungen	Eigent.-wohnungen	Miet-wohnungen
	Steuerlich relevante Einkünfte je Wohneinheit 1986 in 1000 DM								
Wohngebäude mit 1 Wohnung	-11,00	-9,61	-17,81	-9,62	-9,62		-11,58	-9,61	-17,81
im Eigentum von :									
privaten Haushalten (ohne WEG)	-10,92	-9,61	-21,10	-9,62	-9,62		-11,51	-9,61	-21,10
Gemeinsch. v. Wohnungseigentümern									
privaten Haushalten insgesamt	-10,92	-9,61	-21,10	-9,62	-9,62		-11,51	-9,61	-21,10
Gemeinn.WU u.öff.Inst.									
Freie WU u.sonst.Eigent.	-18,86		-18,86				-18,86		-18,86
Wohngebäude mit 2 Wohnungen	-14,60	-18,18	-11,96	-9,64	-11,55	-7,93	-14,93	-18,73	-12,18
im Eigentum von :									
privaten Haushalten (ohne WEG)	-15,07	-18,58	-12,28	-9,70	-11,82	-7,58	-15,35	-18,98	-12,50
Gemeinsch. v. Wohnungseigentümern	-13,84	-10,86	-15,88	-10,54	-10,63	-10,46	-15,29	-10,98	-17,85
privaten Haushalten insgesamt	-15,01	-18,18	-12,49	-9,90	-11,55	-8,29	-15,35	-18,73	-12,72
Gemeinn.WU u.öff.Inst.									
Freie WU u.sonst.Eigent.	-11,38		-11,38	-13,11		-13,11	-11,31		-11,31
Wohngebäude mit 3 u.m. Wohngn.	-8,91	-10,38	-8,57	-3,97	-9,31	-3,34	-10,97	-10,58	-11,09
im Eigentum von :									
privaten Haushalten (ohne WEG)	-9,26	-9,33	-9,25	-4,58	-4,60	-4,58	-10,29	-10,97	-10,24
Gemeinsch. v. Wohnungseigentümern	-13,63	-10,52	-15,93	-11,93	-10,40	-13,46	-13,88	-10,53	-16,26
privaten Haushalten insgesamt	-11,65	-10,38	-12,11	-7,98	-9,31	-7,46	-12,31	-10,58	-12,93
Gemeinn.WU u.öff.Inst.									
Freie WU u.sonst.Eigent.	-6,72		-6,72	-5,88		-5,88	-8,21		-8,21
Wohngebäude insgesamt	-11,05	-11,61	-10,54	-6,84	-9,70	-3,67	-12,37	-12,30	-12,43
im Eigentum von :									
privaten Haushalten (ohne WEG)	-11,95	-11,80	-12,17	-8,79	-9,63	-5,20	-12,77	-12,65	-12,89
Gemeinsch. v. Wohnungseigentümern	-13,65	-10,54	-15,94	-11,72	-10,44	-13,00	-13,96	-10,56	-16,36
privaten Haushalten insgesamt	-12,29	-11,61	-13,13	-9,21	-9,70	-7,61	-13,02	-12,30	-13,76
Gemeinn.WU u.öff.Inst.									
Freie WU u.sonst.Eigent.	-10,71		-10,71	-5,95		-5,95	-13,78		-13,78

Tabelle 7.3 Ergebnisse der Modellrechnungen für den Zeitraum 1978 bis 1986

einzelne Baujahrgänge Genehmigungen lt. BT-Stat. 1978 bis 1986 errichtete Gebäude	Zahl der Gebäude und Wohnungen nach Nutzungsart			davon: öffentlich gefördert			nicht öffentlich gefördert		
	Insgesamt	Eigent.-wohnungen	Miet-wohnungen	Wohnungen	Eigent.-wohnungen	Miet-wohnungen	Wohnungen	Eigent.-wohnungen	Miet-wohnungen
	Bruttomieten (und Mietwerte eigengen. WE in Zwei-u.MFH) 1986								
Wohngebäude mit 1 Wohnung	2,01		2,01				2,01		2,01
im Eigentum von :									
privaten Haushalten (ohne WEG)	1,29		1,29				1,29		1,29
Gemeinsch. v. Wohnungseigentümern									
privaten Haushalten insgesamt	1,29		1,29				1,29		1,29
Gemeinn.WU u.öff.Inst.	0,25		0,25				0,25		0,25
Freie WU u.sonst.Eigent.	0,47		0,47				0,47		0,47
Wohngebäude mit 2 Wohnungen	6,00	3,00	3,00	0,31	0,17	0,15	5,69	2,84	2,85
im Eigentum von :									
privaten Haushalten (ohne WEG)	5,50	2,93	2,57	0,23	0,14	0,09	5,27	2,79	2,48
Gemeinsch. v. Wohnungseigentümern	0,24	0,07	0,17	0,06	0,02	0,04	0,18	0,05	0,13
privaten Haushalten insgesamt	5,74	3,00	2,74	0,30	0,17	0,13	5,45	2,84	2,61
Gemeinn.WU u.öff.Inst.	0,13		0,13	0,01		0,01	0,12		0,12
Freie WU u.sonst.Eigent.	0,12		0,12	0,00		0,00	0,12		0,12
Wohngebäude mit 3 u.m. Wohngn.	7,66	1,52	6,14	1,97	0,25	1,73	5,68	1,27	4,41
im Eigentum von :									
privaten Haushalten (ohne WEG)	2,55	0,18	2,36	0,38	0,04	0,35	2,16	0,14	2,02
Gemeinsch. v. Wohnungseigentümern	3,15	1,34	1,81	0,42	0,21	0,21	2,73	1,13	1,61
privaten Haushalten insgesamt	5,70	1,52	4,18	0,80	0,25	0,55	4,90	1,27	3,62
Gemeinn.WU u.öff.Inst.	1,44		1,44	0,87		0,87	0,57		0,57
Freie WU u.sonst.Eigent.	0,52		0,52	0,30		0,30	0,21		0,21
Wohngebäude insgesamt	15,67	4,52	11,15	2,29	0,41	1,87	13,38	4,11	9,27
im Eigentum von :									
privaten Haushalten (ohne WEG)	9,34	3,11	6,23	0,62	0,18	0,44	8,72	2,93	5,79
Gemeinsch. v. Wohnungseigentümern	3,39	1,41	1,98	0,48	0,23	0,25	2,91	1,18	1,73
privaten Haushalten insgesamt	12,73	4,52	8,21	1,10	0,41	0,68	11,63	4,11	7,53
Gemeinn.WU u.öff.Inst.	1,83		1,83	0,88		0,88	0,95		0,95
Freie WU u.sonst.Eigent.	1,11		1,11	0,31		0,31	0,80		0,80

Tabelle 7.4 Ergebnisse der Modellrechnungen für den Zeitraum 1978 bis 1986

einzelne Baujahrgänge Genehmigungen lt. BT-Stat. 1978 bis 1986 errichtete Gebäude	Zahl der Gebäude und Wohnungen nach Nutzungsart Insgesamt	Eigent.-wohnungen	Miet-wohnungen	davon öffentlich gefördert Wohnungen	öffentlich gefördert Eigent.-wohnungen	öffentlich gefördert Miet-wohnungen	nicht öffentlich gefördert Wohnungen	nicht öffentlich gefördert Eigent.-wohnungen	nicht öffentlich gefördert Miet-wohnungen
	Nettomieten (und Mietwerte eigengen. WE in Zwei-u.MFH) 1986								
Wohngebäude mit 1 Wohnung	1,36		1,36				1,36		1,36
im Eigentum von :									
privaten Haushalten (ohne WEG)	0,87		0,87				0,87		0,87
Gemeinsch. v. Wohnungseigentümern									
privaten Haushalten insgesamt	0,87		0,87				0,87		0,87
Gemeinn.WU u.öff.Inst.	0,17		0,17				0,17		0,17
Freie WU u.sonst.Eigent.	0,31		0,31				0,31		0,31
Wohngebäude mit 2 Wohnungen	3,99	1,97	2,02	0,19	0,10	0,10	3,80	1,88	1,92
im Eigentum von :									
privaten Haushalten (ohne WEG)	3,70	1,97	1,73	0,16	0,10	0,06	3,54	1,88	1,67
Gemeinsch. v. Wohnungseigentümern	0,11		0,11	0,03		0,03	0,09		0,09
privaten Haushalten insgesamt	3,82	1,97	1,84	0,18	0,10	0,09	3,63	1,88	1,75
Gemeinn.WU u.öff.Inst.	0,09		0,09	0,01		0,01	0,08		0,08
Freie WU u.sonst.Eigent.	0,08		0,08	0,00		0,00	0,08		0,08
Wohngebäude mit 3 u.m. Wohngn.	4,74	0,14	4,60	1,34	0,03	1,31	3,40	0,11	3,29
im Eigentum von :									
privaten Haushalten (ohne WEG)	1,90	0,14	1,77	0,29	0,03	0,26	1,61	0,11	1,51
Gemeinsch. v. Wohnungseigentümern	1,36		1,36	0,16		0,16	1,20		1,20
privaten Haushalten insgesamt	3,26	0,14	3,12	0,45	0,03	0,42	2,81	0,11	2,71
Gemeinn.WU u.öff.Inst.	1,09		1,09	0,66		0,66	0,43		0,43
Freie WU u.sonst.Eigent.	0,39		0,39	0,23		0,23	0,16		0,16
Wohngebäude insgesamt	10,09	2,11	7,98	1,53	0,12	1,41	8,56	1,99	6,58
im Eigentum von :									
privaten Haushalten (ohne WEG)	6,48	2,11	4,37	0,45	0,12	0,32	6,03	1,99	4,05
Gemeinsch. v. Wohnungseigentümern	1,47		1,47	0,18		0,18	1,29		1,29
privaten Haushalten insgesamt	7,95	2,11	5,84	0,63	0,12	0,51	7,32	1,99	5,34
Gemeinn.WU u.öff.Inst.	1,35		1,35	0,67		0,67	0,69		0,69
Freie WU u.sonst.Eigent.	0,79		0,79	0,23		0,23	0,55		0,55

Tabelle 7.5

Ergebnisse der Modellrechnungen für den Zeitraum 1978 bis 1986

einzelne Baujahrgänge Genehmigungen lt. BT-Stat. 1978 bis 1986 errichtete Gebäude	Zahl der Gebäude und Wohnungen nach Nutzungsart			davon: öffentlich gefördert			nicht öffentlich gefördert		
	Insgesamt	Eigent.-wohnungen	Miet-wohnungen	Wohnungen	Eigent.-wohnungen	Miet-wohnungen	Wohnungen	Eigent.-wohnungen	Miet-wohnungen
			Abschreibungen 1986						
Wohngebäude mit 1 Wohnung	7,82	6,01	1,80	2,14	2,14		5,68	3,87	1,80
im Eigentum von :									
privaten Haushalten (ohne WEG)	7,35	6,01	1,34	2,14	2,14		5,21	3,87	1,34
Gemeinsch. v. Wohnungseigentümern									
privaten Haushalten insgesamt	7,35	6,01	1,34	2,14	2,14		5,21	3,87	1,34
Gemeinn.WU u.öff.Inst.									
Freie WU u.sonst.Eigent.	0,47		0,47				0,47		0,47
Wohngebäude mit 2 Wohnungen	6,13	3,28	2,85	0,33	0,19	0,14	5,80	3,09	2,71
im Eigentum von :									
privaten Haushalten (ohne WEG)	5,74	3,17	2,57	0,24	0,14	0,09	5,50	3,03	2,48
Gemeinsch. v. Wohnungseigentümern	0,29	0,11	0,18	0,08	0,04	0,04	0,21	0,07	0,14
privaten Haushalten insgesamt	6,03	3,28	2,75	0,32	0,19	0,13	5,71	3,09	2,62
Gemeinn.WU u.öff.Inst.									
Freie WU u.sonst.Eigent.	0,10		0,10	0,01		0,01	0,10		0,10
Wohngebäude mit 3 u.m. Wohngn.	6,43	1,63	4,80	1,20	0,25	0,95	5,23	1,38	3,85
im Eigentum von :									
privaten Haushalten (ohne WEG)	2,45	0,18	2,27	0,37	0,04	0,34	2,08	0,15	1,93
Gemeinsch. v. Wohnungseigentümern	3,48	1,45	2,03	0,48	0,22	0,27	3,00	1,23	1,77
privaten Haushalten insgesamt	5,93	1,63	4,30	0,86	0,25	0,60	5,07	1,38	3,70
Gemeinn.WU u.öff.Inst.									
Freie WU u.sonst.Eigent.	0,50		0,50	0,35		0,35	0,15		0,15
Wohngebäude insgesamt	20,38	10,92	9,46	3,67	2,58	1,09	16,71	8,34	8,37
im Eigentum von :									
privaten Haushalten (ohne WEG)	15,54	9,37	6,17	2,75	2,32	0,43	12,79	7,05	5,74
Gemeinsch. v. Wohnungseigentümern	3,77	1,56	2,22	0,57	0,26	0,31	3,20	1,30	1,91
privaten Haushalten insgesamt	19,31	10,92	8,39	3,32	2,58	0,74	15,99	8,34	7,65
Gemeinn.WU u.öff.Inst.									
Freie WU u.sonst.Eigent.	1,07		1,07	0,35		0,35	0,72		0,72

Tabelle 7.6 Ergebnisse der Modellrechnungen für den Zeitraum 1978 bis 1986

einzelne Baujahrgänge Genehmigungen lt. BT-Stat. 1978 bis 1986 errichtete Gebäude	Zahl der Gebäude und Wohnungen nach Nutzungsart Insge-samt	Eigent.-wohnungen	Miet-wohnungen	davon: öffentlich gefördert Woh-nungen	Eigent.-wohnungen	Miet-wohnungen	nicht öffentlich gefördert Woh-nungen	Eigent.-wohnungen	Miet-wohnungen
	geleistete Zinsen 1986								
Wohngebäude mit 1 Wohnung	12,98	10,29	2,69	2,86	2,86		10,12	7,43	2,69
im Eigentum von :									
privaten Haushalten (ohne WEG)	12,08	10,29	1,79	2,86	2,86		9,22	7,43	1,79
Gemeinsch. v. Wohnungseigentümern									
privaten Haushalten insgesamt	12,08	10,29	1,79	2,86	2,86		9,22	7,43	1,79
Gemeinn.WU u.öff.Inst.	0,27		0,27				0,27		0,27
Freie WU u.sonst.Eigent.	0,63		0,63				0,63		0,63
Wohngebäude mit 2 Wohnungen	8,43	4,45	3,98	0,31	0,17	0,14	8,12	4,28	3,84
im Eigentum von :									
privaten Haushalten (ohne WEG)	7,79	4,32	3,46	0,22	0,14	0,09	7,56	4,19	3,37
Gemeinsch. v. Wohnungseigentümern	0,37	0,13	0,24	0,08	0,04	0,04	0,29	0,09	0,20
privaten Haushalten insgesamt	8,15	4,45	3,70	0,30	0,17	0,13	7,86	4,28	3,58
Gemeinn.WU u.öff.Inst.	0,13		0,13	0,01		0,01	0,12		0,12
Freie WU u.sonst.Eigent.	0,14		0,14	0,01		0,01	0,14		0,14
Wohngebäude mit 3 u.m. Wohngn.	9,71	1,93	7,78	1,55	0,27	1,28	8,16	1,66	6,49
im Eigentum von :									
privaten Haushalten (ohne WEG)	2,85	0,20	2,65	0,22	0,02	0,20	2,63	0,18	2,45
Gemeinsch. v. Wohnungseigentümern	5,11	1,73	3,38	0,52	0,25	0,28	4,59	1,48	3,11
privaten Haushalten insgesamt	7,96	1,93	6,03	0,74	0,27	0,47	7,22	1,66	5,56
Gemeinn.WU u.öff.Inst.	1,27		1,27	0,60		0,60	0,67		0,67
Freie WU u.sonst.Eigent.	0,48		0,48	0,21		0,21	0,27		0,27
Wohngebäude insgesamt	31,12	16,67	14,45	4,72	3,30	1,43	26,40	13,38	13,02
im Eigentum von :									
privaten Haushalten (ohne WEG)	22,71	14,81	7,90	3,30	3,01	0,29	19,41	11,80	7,61
Gemeinsch. v. Wohnungseigentümern	5,48	1,86	3,62	0,60	0,28	0,32	4,89	1,58	3,31
privaten Haushalten insgesamt	28,20	16,67	11,52	3,90	3,30	0,60	24,30	13,38	10,92
Gemeinn.WU u.öff.Inst.	1,67		1,67	0,61		0,61	1,06		1,06
Freie WU u.sonst.Eigent.	1,25		1,25	0,22		0,22	1,04		1,04

4. Zusammenfassung

Zielsetzung des vorliegenden Gutachtens war es, die steuerlichen Effekte des Wohnungsbaus zu analysieren. Als Zeitraum wurde die Periode 1978 bis 1987 gewählt. Die Ergebnisse sind damit keineswegs aktuell, jedoch ging es hier eher um die methodische Frage, wie ein grundlegender Modellansatz zu konzipieren wäre, der sich für eine Erklärung eignet. Für die Jahre 1978 und 1987 liegen ausführliche Strukturdaten zum Wohnungsbestand sowie den Mieterträgen - teilweise auch Aufwendungen - nach Baualtersklassen vor. Als einzige Vergleichsbasis für die Entwicklung der Einkünfte in steuerlicher Sicht steht die Einkommensteuerstatistik zur Verfügung. Sie hinkt aus verschiedenen Gründen hinter der Zeit her; letzte Ergebnisse sind für 1986 veröffentlicht. Außerdem enthält diese Statistik nur sehr globale Angaben, nämlich positive und negative Einkünfte, die natürliche Personen - also private Haushalte und Personengesellschaften - aus Vermietung und Verpachtung erzielt haben; lediglich einige Sondertabellen, z.B. über die Inanspruchnahme spezieller Vergünstigungen, wie § 7 b EStG od. § 82 EStDV, ermöglichen zusätzliche Aufschlüsselungen.

Hier ist versucht worden, die Eckwerte der Einkommensteuerstatistik durch aufwendige Berechnungen nachzuvollziehen, indem Jahr für Jahr die gesamte Bautätigkeit nach Investorengruppen und Art der Objekte bzw. deren steuerlicher Behandlung im Zeitablauf dargestellt wurde. Ergänzend wurden alle relevanten Informationen zur Finanzierungsstruktur herangezogen. Neben der Neubautätigkeit in diesem Zeitraum wurden alle empirischen Informationen über den älteren Wohnungsbestand - aus der GWZ 1987 und der 1%WSt 1978 - sowie Daten über Modernisierungsaktivitäten und den Immobilienmarkt herangezogen. Das Ziel lag eben darin, die positiven, vor allem aber die negativen Einkünfte aus Vermietung auf diese Weise nach Ihrer Entstehung zuzuordnen und zu erklären.

Die Relevanz des Themas wird aus dem Zeitvergleich von 1977 bis 1986 deutlich: Im Jahre 1977 betrugen die positiven Einkünfte natürlicher Personen aus Vermietung und Verpachtung rund 10 Mrd. DM, im Jahre 1986 17 Mrd. DM; die Verluste aus Vermietung und Verpachtung betrugen im Jahre 1977 noch 17 Mrd. DM, bis zum Jahr 1986 sind sie jedoch auf 50 Mrd. DM gestiegen. Das heißt, auf eine steuerbare Mark im Wohnungsbau entfielen zu dieser Zeit bereits 3 Mark Verlust.

Der Anstieg der Verluste schwächte sich von 1983 bis 1986 ab. Als Ursachen kommen der Rückgang der Bautätigkeit und des Zinsniveaus sowie ein beschleunigter Anstieg der Mieten und verminderte Absetzungen für die Rekordjahrgänge des Wohnungsbaus zu Beginn der 70er Jahre in Betracht. Bis heute dürfte aber wieder eine Beschleunigung eingetreten sein, weil seither die steuerlich relevanten Höchstbeträge für eigengenutzte Wohnungen im Zusammenhang mit der Umstellung der Förderung gemäß Paragraph 10 e angehoben worden sind und weil die steuerliche AfA für Mietwohngebäude verkürzt bzw. die Degression verstärkt worden ist.

Die steuerlichen Verluste werden mit anderen postiven Einkünften ausgeglichen, so vermindert sich die Steuerbasis. Die Kosten, die sich für den Staat aus der Inanspruchnahme steuerlicher Rahmenbedingungen als globale Mindereinnahmen ergeben, können beziffert werden, indem die Verlustbeträge mit dem durchschnittlichen Grenzsteuersatz der Investoren multipliziert werden - in dieser Höhe wären potentiell Steuereinnahmen entstanden. Das ergibt für 1986 eine Größenordnung von rund 20 Mrd. DM.

Zieht man einen Vergleich mit der direkten Förderung, so wäre zu beachten, daß 1986 aus Bundes- und Landeshaushalten 6,2 Mrd. DM an Finanzierungsmitteln (öffentliche Darlehen) und Hilfen zum Kapitaldienst ausgezahlt worden sind. Davon entfiel etwas mehr als die Hälfte auf Mietsozialwohnungen, knapp die Hälfte auf Eigentumsmaßnahmen. Diese Größenordnungen machen deutlich, daß die steuerliche Förderung ein weitaus höheres Gewicht für den Wohnungsbau hat[48].

Einige Ergebnisse der Modellrechnung

Versucht wurde eine Aufschlüsselung von Positionen der Einkommensteuerstatisistik im Hinblick auf die Art der begünstigten Objekte. Hier nur einige Anmerkungen zu den beiden Hauptbereichen:

a) Die Eigentumsförderung (selbstgenutzte, pauschalbesteuerte Wohnungen) kostete den Staat 1986 rund 7,5 Mrd. DM; zu diesem Betrag gelangt man, indem auf die Verluste der Begünstigten (20,4 Mrd. DM) ein durchschnittlicher Grenzsteuersatz (36 vH) bezogen wird. Von den steuerlichen Verlustbeträgen waren 17,1 Mrd. DM AfA und 3,3 Mrd. DM Abzug sonstiger Werbungskosten (Kosten bis zur Höhe des Nutzungswertes und der

[48]Bei einer engeren begrifflichen Auslegung von Förderung bzw. Subventionen wäre zu berücksichtigen, daß bei der direkten Förderung eigentlich nur die Verbilligung der Kapitalkosten und nicht der Darlehensbetrag selbst den fiskalischen Aufwand darstellt; bei der steuerlichen (indirekten) Förderung wäre der Teil der Steuerverzichte relevant, der sich aus Abschreibungen ergibt.

zeitlich befristete und fallweise begrenzte Sonderabzug von Zinsen). Von den Abschreibungen entfielen nur 8,1 Mrd. DM auf Neubauten, aber bereits 8,9 Mrd. DM auf Erwerbsfälle in dem betrachteten Zeitraum von 8 Jahren.

b) Der vermietete Wohnraum privater Haushalte (einschl. normalbesteuerte eigengenutzte Wohnungen) kostete den Staat 1986 rund 12 Mrd. DM (bei 26,3 Mrd. DM an Verlustbeträgen, die von den Steuerpflichtigen geltend gemacht wurden). Dahinter steht folgende Bilanz:

Die Mieterträge privater Haushalte[49] beliefen sich brutto auf rund 76 Mrd. DM,
als Nettobetrag sind diese Mieterträge mit rund 36 Mrd. DM eingegrenzt worden;
davon sind weiter abzuziehen:
rund 34 Mrd. DM für AfA und ähnliche Absetzungen, sowie rund 28,5 Mrd. DM an Schuldzinsen.

Der Gesamtbetrag AfA gliedert sich auf in 21 Mrd. DM für Herstellungskosten (Neubau) und 13 Mrd. DM für Modernisierung und große Instandsetzung. Darüber hinaus ist zu beachten, daß die Differenz von Brutto- zu Nettomieten schätzungsweise 12 Mrd. DM Ausgaben für laufende Instandhaltung einschließt. Das heißt, ca 25 Mrd. DM dienten der Substanzverbesserung und konnten steuerlich rasch abgesetzt werden, mehr als die Gebäude-Abschreibungen gemäß Paragraph 7 (4) und (5) EStG.

Ein weiteres Ergebnis ist, daß sich die erwähnten 21 Mrd. DM Gebäude-AfA durch den Erwerb von Immobilien ebenfalls nach oben verschoben haben: Von den ursprünglichen Baukosten ausgehend wären es nur 16 Mrd. DM; knapp 5 Mrd DM AfA-Volumen entfallen also auf Wertsteigerungen infolge von Verkäufen.

Ausblick:

Aufgrund der vorliegenden Daten des Gutachtens sind weitere Aufschlüsselungen möglich, von Interesse ist z.B. ein Vergleich der Kosten bei Mietwohnungen im eigentlichen Sinne und bei vermieteten Eigentumswohnungen oder Wohneinheiten in Zweifamilienhäusern, denn zeitweilig

---

[49]Einschließlich des Mietwerts eigengenutzter Wohneinheiten.

war die steuerliche Behandlung als Mietobjekt nur vorgeschoben, um höhere Begünstigungen zu erzielen als sie bei einer unmittelbaren Eigennutzung erlangt werden konnten.

Ein wesentliches Ziel der Untersuchung ist erreicht worden: Die Modellrechnung auf Basis aller verfügbaren empirischen Daten zur Bautätigkeit und Finanzierung zeigt für einen weiten Zeitraum eine gute Anpassung an die Eckwerte der Einkommensteuerstatistik. Gewisse Schätzprobleme werfen die Bereiche Immobilienmarkt und Modernisierung/Instandsetzung auf; auch der Anteil der Einküfte aus der Vermietung gewerblicher Nutzflächen müßte noch näher untersucht werden. Hier kommt es darauf an, den Informationsstand gegenüber der bisher noch unzulänglichen statistischen Basis zu verbessern.

Von großem Interesse wäre eine Aktualisierung der Berechnungen durch Einbeziehung der Baujahrgänge seit 1987 - einerseits, weil so der derzeitige Stand der steuerlichen Wirkungen beziffert werden könnte (die Einkommensteuerstatistik für 1992 wird ja voraussichtlich erst in 4 Jahren verfügbar sein), andererseits weil das Thema im Zusammenhang mit der von der Bundesregierung beschlossenen Überprüfung der gesamten Effekte der Wohnungsbauförderung relevant ist. Der Anstoß dafür, daß eine unabhängige Expertenkommission zu diesem Thema berufen wurde, ergab sich ja nicht zuletzt daraus, daß gerade die steuerlichen Rahmenbedingungen des Wohnungsbaus von den Parlamentariern als wenig transparent empfunden werden.

Auch für die Inanspruchnahme der direkten Förderung des Wohnungsbaus durch Bund und Länder könnten kombinierte Daten aus Zeitreihen- und Querschnittserhebungen herangezogen werden. Der vorgestellte Modellansatz ließe sich in dem Sinne erweitern, daß jeweils für ausgewählte Stichjahre die Kosten der Förderung im Sinne von Zinsverbilligungen des Bestandes an öffentlichen Darlehen sowie planmäßigen Zuschüssen zu Kapitalmarktkrediten beziffert werden.

Anhang

Statistische Ausgangsdaten über Struktur und Veränderung des Wohnungsbestandes sowie Mieterträge und Aufwendungen

Erläuterungen zu den Tabellen im Anhang

Die Tabellen I und II basieren auf einem Abgleich von Ergebnissen der 1%-Wohnungsstichprobe 1978 und der Gebäude-und Wohnungszählung 1987, wobei plausible Abgangsquoten berücksichtigt worden sind. Für beide Erhebungen ist tiefgegliedertes Tabellenmaterial herangezogen worden, das jedoch zusammengeführt und dabei in Teilen durch Schätzungen ergänzt werden mußte. Durch den Vergleich der "Blockstrukturen" für beide Stichjahre konnten weitere Lücken geschlossen werden. Für 1978 waren Niveaukorrekturen erforderlich, die auf Hochrechnungsfehler zurückgeführt werden; dies betraf besonders den nach 1968 errichteten Gebäudebestand.

Tabelle III faßt das Mengengerüst für die jahrgangsweisen Modellrechnungen von 1978 bis 1986 zusammen. Die Daten beziehen sich auf die in dieser Zeit genehmigten Wohnungen; als "öffentlich gefördert" sind die Wohnungen bezeichnet, die in der Bewilligungstatistik als "vollgeförderter reiner Wohnungsbau" erfaßt werden (1. und 2. Förderungsweg).

Tabelle IV stellt eine Beziehung zu Tabelle II, Blatt 6 her. Die Differenzen zwischen dem Neubau laut Bautätigkeitsstatistik (linke Spalte) und dem Bestand laut GWZ 1987 (rechte Spalte) können durch Ausbaumaßnahmen und Umwidmungen erklärt werden, die in dieser Zeit vermutlich erfolgt sind (mittlerer Teil). Bei den Einfamilienhäusern ist ein Zugang durch "unechte Zweifamilienhäuser" zu verzeichnen, zugleich ergab sich ein Abgang infolge nachträglichen Ausbaus zu Zweifamilienhäusern (Fallgruppen a und b). Einige der Zweifamilienhäuser sind infolge von Ausbaumaßnahmen in der GWZ als Mehrfamilienhäuser registriert worden (Fallgruppe c). Außerdem könnten einige Mehrfamilienhäuser durch Umwidmung bzw. Zusammenlegung von Wohnungen verändert worden sein (Fallgruppen d,e,f). Als eine Bezugsbasis für diese Schätzung der Veränderungen bot sich eine detaillierte Analyse von Um- und Ausbaumaßnahmen an, die vor eineiger Zeit vom hessischen Landesamt für Statistik durchgeführt worden ist.

Tabelle V enthält differenzierte Daten zur Struktur des Mietwohnungsbestandes und der Mieten in den Jahren 1978 und 1987. Genaue Mietangaben beziehen sich normalerweise auf "reine Mietwohnungen". Der Bestand an sonstigen Mietwohnungen, von denen auch ein beträchtlicher Teil mietfrei oder verbilligt ist, ist aber ziemlich groß (vermutlich fallen darunter auch viele Wohnungen in Ein-und Zweifamilienhäusern). Selbst für die vorübergehend leerstehenden

Wohnungen kann man kaum unterstellen, daß - übers Jahr gesehen - keine Mieteinnahmen erzielt werden.

Tabelle VI zeigt die Ergebnisse einer Sonderbefragung im Rahmen der 1 %-Wohnungsstichprobe 1978 über die laufenden Aufwendungen der Gebäudeeigentümer. Daraus konnte auf die Nettomieteinnahmen geschlossen werden (Blatt 2 der Tabelle). Die Quote der Nettomieten weist eine deutliche Abstufung nach Baualtersklassen und Gebäudetypen auf; überraschend niedrig ist sie bei den Ein- und Zweifamilienhäusern. Beträchtliche Unterschiede sind auch bezüglich der Eigentümergruppen zu verzeichnen, bei den privaten Vermietern ist dies durch den Anteil der Ein- und Zweifamilienhäuser sowie durch Kosten für Verwaltungsdienstleistungen zu erklären.

Weil der Anteil der Gebäude, für die Mietangaben vorlagen, in manchen Fallgruppen gering war, ist in Tabelle VII eine Hochrechnung vorgenommen worden, um eine Kontrolle über die Repräsentativität der Angaben zu erhalten: Der Vergleich der hochgerechneten Jahresbruttomieten (42,5 Mrd.DM) mit dem Eckwert in Tabelle V, Blatt 1 (45,2 Mrd. DM) und der entsprechenden Werte für die einzelnen Baualtersklassen zeigt eine ausreichend gute Übereinstimmung. Somit können auch die übrigen Strukturdaten aus Tabelle VI als verläßlich angesehen werden. Die Relation von Brutto- und Nettomieten ist im Zeitraum bis 1987 nach Baualtersklassen fortgeschrieben worden. Für eine Beurteilung des Anstiegs wichtiger Kostenfaktoren dient die Tabelle VIII.

Tabelle IX zeigt die Ergebnisse einer Sonderbefragung im Rahmen der Wohnungsstichprobe über Modernisierungs- und Instandsetzungsaktivitäten von 1972 bis 1978. Die Ergebnisse lassen ein deutliches Gefälle der Intensität nach Baualtersklassen und eine Abstufung der durchschnittlich aufgewendeten Beträge erkennen. Diese Ergebnisse sind - im Zusammenhang mit den laufenden Berechnungen des DIW über die Entwicklung von Bauleistungen an bestehenden Gebäuden (Tabelle X) - für eine altersgruppenspezifische Schätzung der Baumaßnahmen herangezogen worden, die im Mietwohnungsbereich neben der laufenden Instandhaltung steuerlich ebenfalls als "Erhaltungsaufwand" zubuche schlagen.

Tabelle XI weist die Datenbasis aus, die bezüglich der Finanzierungsstruktur des Wohnungsneubaus zur Verfügung stand. Für einige Institutsgruppen lagen ausführlichere Informationen über die Zusagen für den Eigenheim- und Mietwohungsbau vor. Die Auszahlungen der "Sonstigen Kreditinstitute" sind über die Entwicklung der Kreditbestände (Tabelle XII) geschätzt worden. Die Kreditbestände dienten außerdem zur Eingrenzung der Zinsleistungen im längerfristigen Verlauf.

I Wohnungsbestand und Mieten nach Baualtersgruppen im Jahre 1978
- korrigierte Ergebnisse 1) der 1%-Wohnungsstichprobe 1978 -

Blatt 1

(1) bis 1948 errichtete Gebäude	Wohngebäude 2)	darin Wohneinheiten	bewohnte Wohngn.	Eigent.-wohnungen	Miet-wohnungen	davon: öffentlich gefördert Wohnungen	öffentlich gefördert Eigent.-wohnungen	öffentlich gefördert Miet-wohnungen	nicht. öffentl. gefördert Wohnungen	nicht. öffentl. gefördert Eigent.-wohnungen	nicht. öffentl. gefördert Miet-wohnungen	Mieten brutto p.a.Mill.DM alle Mietwohnungen Insges.	öff. gef.	n.ö.g.
1.1 Wohngebäude mit 1 Wohnung	2331	2331	2250	1839	410	0	0	0	2250	1839	410	1608	0	1608
im Eigentum von :														
privaten Haushalten (ohne WEG)	2208	2208	2131	1839	291	0	0	0	2131	1839	291	1142	0	1142
" " WEG	0	0	0	0	0	0	0	0	0	0	0	0	0	0
privaten Haushalten insgesamt	2208	2208	2131	1839	291	0	0	0	2131	1839	291	1142	0	1142
Gemeinn. WU, öff. Institutionen	89	89	86	0	86	0	0	0	86	0	86	337	0	337
Freie WU u. sonst. Eigentümer	34	34	33	0	33	0	0	0	33	0	33	129	0	129
1.2 Wohngebäude mit 2 Wohnungen	1190	2380	2240	1046	1195	5	2	3	2235	1044	1191	2882	6	2877
im Eigentum von :														
privaten Haushalten (ohne WEG)	1122	2244	2113	1046	1067	4	2	2	2109	1044	1065	2575	4	2571
" " WEG	1	2	0	0	0	0	0	0	0	0	0	0	0	0
privaten Haushalten insgesamt	1123	2246	2113	1046	1067	4	2	2	2109	1044	1065	2575	4	2571
Gemeinn. WU, öff. Institutionen	46	91	87	0	87	1	0	1	86	0	86	209	2	207
Freie WU u. sonst. Eigentümer	21	42	41	0	41	0	0	0	41	0	41	98	0	98
1.3 Wohngebäude mit 3u.m.Wohngn.	771	3994	3662	377	3285	83	8	75	3579	369	3209	8779	149	8630
im Eigentum von :														
privaten Haushalten (ohne WEG)	587	2906	2664	339	2326	75	8	67	2589	331	2259	6206	133	6073
" " WEG	18	97	88	39	49	1	0	1	87	39	48	132	2	130
privaten Haushalten insgesamt	605	3003	2752	377	2375	76	8	68	2676	369	2307	6338	135	6203
Gemeinn. WU, öff. Institutionen	124	760	697	0	697	5	0	5	692	0	692	1870	10	1860
Freie WU u. sonst. Eigentümer	42	231	213	0	213	2	0	2	211	0	211	571	4	567
Wohngebäude insgesamt	4291	8704	8152	3262	4889	88	10	78	8064	3253	4811	13269	154	13114
im Eigentum von :														
privaten Haushalten (ohne WEG)	3917	7358	6908	3224	3684	79	10	69	6829	3214	3615	9923	136	9787
" " WEG	19	99	88	39	49	1	0	1	87	39	48	132	2	130
privaten Haushalten insgesamt	3936	7457	6996	3262	3733	80	10	70	6916	3253	3663	10055	138	9917
Gemeinn. WU, öff. Institutionen	259	940	870	0	870	6	0	6	864	0	864	2416	12	2404
Freie WU u. sonst. Eigentümer	97	307	286	0	286	2	0	2	284	0	284	797	4	793

Fußnote 1): siehe letztes Blatt

I Wohnungsbestand und Mieten nach Baualtersgruppen im Jahre 1978
- korrigierte Ergebnisse 1) der 1%-Wohnungsstichprobe 1978 -

(2) 1949 bis 1968 errichtete Gebäude	Wohngebäude 2)	darin Wohneinheiten	bewohnte Wohngn.	Eigent.-wohnungen	Miet-wohnungen	davon: öffentlich gefördert Woh-nungen	Eigent.-wohnungen	Miet-wohnungen	nicht. öffentl. gefördert Woh-nungen	Eigent.-wohnungen	Miet-wohnungen	Mieten brutto p.a. Mill. DM alle Mietwohnungen insges.	öff. gef.	n.ö.g.
1.1 Wohngebäude mit 1 Wohnung	2238	2238	2209	1953	256	376	330	45	1833	1623	211	1255	181	1074
im Eigentum von :														
privaten Haushalten (ohne WEG)	2166	2166	2138	1953	186	353	330	23	1785	1623	163	923	91	831
" " WEG	0	0	0	0	0	0	0	0	0	0	0	0	0	0
privaten Haushalten insgesamt	2167	2167	2139	1953	186	353	330	23	1786	1623	163	923	91	831
Gemeinn. WU, öff. Institutionen	53	53	52	0	52	17	0	17	35	0	35	246	68	178
Freie WU u. sonst. Eigentümer	18	18	18	0	18	5	0	5	13	0	13	86	22	65
1.2 Wohngebäude mit 2 Wohnungen	1058	2118	2031	975	1056	383	181	202	1648	794	854	3325	521	2804
im Eigentum von :														
privaten Haushalten (ohne WEG)	1024	2050	1965	975	990	350	181	169	1616	794	821	3131	436	2696
" " WEG	0	0	0	0	0	0	0	0	0	0	0	0	0	0
privaten Haushalten insgesamt	1024	2050	1965	975	990	350	181	169	1616	794	821	3131	436	2696
Gemeinn. WU, öff. Institutionen	26	53	52	0	52	26	0	26	26	0	26	151	67	85
Freie WU u. sonst. Eigentümer	8	15	14	0	14	7	0	7	7	0	7	42	19	24
1.3 Wohngebäude mit 3u.m.Wohngn.	881	5705	5459	405	5054	2826	69	2756	2633	335	2298	16090	8071	8019
im Eigentum von :														
privaten Haushalten (ohne WEG)	456	2480	2374	238	2137	686	46	640	1688	192	1496	7097	1875	5222
" " WEG	51	405	383	167	216	40	23	17	343	143	200	746	49	698
privaten Haushalten insgesamt	507	2885	2758	405	2353	726	69	657	2032	335	1696	7843	1923	5920
Gemeinn. WU, öff. Institutionen	315	2323	2225	0	2225	1919	0	1919	306	0	306	6685	5619	1066
Freie WU u. sonst. Eigentümer	59	497	476	0	476	181	0	181	295	0	295	1561	530	1031
Wohngebäude insgesamt	4177	10060	9698	3332	6366	3584	580	3004	6114	2752	3362	20670	8773	11897
im Eigentum von :														
privaten Haushalten (ohne WEG)	3646	6696	6478	3166	3312	1389	557	832	5089	2609	2480	11151	2401	8749
" " WEG	52	405	384	167	216	40	23	17	344	143	200	746	49	698
privaten Haushalten insgesamt	3698	7101	6862	3332	3529	1429	580	849	5433	2752	2680	11897	2450	9447
Gemeinn. WU, öff. Institutionen	395	2428	2328	0	2328	1962	0	1962	366	0	366	7083	5754	1329
Freie WU u. sonst. Eigentümer	85	530	509	0	509	194	0	194	315	0	315	1690	570	1120

Fußnote 1): siehe letztes Blatt

I Wohnungsbestand und Mieten nach Baualtersgruppen im Jahre 1978
- korrigierte Ergebnisse 1) der 1%-Wohnungsstichprobe 1978 -

Blatt 3

(3) 1969 bis 1978 errichtete Gebäude	Wohngebäude 2)	darin Wohneinheiten	bewohnte Wohngn.	Eigent.-wohnungen	Miet-wohnungen	davon: öffentlich gefördert Woh-nungen	Eigent.-wohnungen	Miet-wohnungen	nicht. öffentl. gefördert Woh-nungen	Eigent.-wohnungen	Miet-wohnungen	Mieten brutto p.a.Mill.DM alle Mietwohnungen insges.	öff. gef.	n.ö.g.
1.1 Wohngebäude mit 1 Wohnung	1476	1476	1443	1280	164	269	259	10	1174	1021	154	1094	52	1042
im Eigentum von :														
privaten Haushalten (ohne WEG)	1455	1455	1422	1280	143	260	259	0	1163	1021	143	967	0	967
" " WEG	0	0	0	0	0	0	0	0	0	0	0	0	0	0
privaten Haushalten insgesamt	1455	1455	1422	1280	143	260	259	0	1163	1021	143	967	0	967
Gemeinn. WU, öff. Institutionen	15	15	15	0	15	7	0	7	8	0	8	90	35	55
Freie WU u. sonst. Eigentümer	6	6	6	0	6	3	0	3	3	0	3	37	16	21
1.2 Wohngebäude mit 2 Wohnungen	430	861	827	393	435	145	80	65	682	313	370	1706	218	1488
im Eigentum von :														
privaten Haushalten (ohne WEG)	423	847	813	393	421	136	80	56	677	313	365	1656	189	1468
" " WEG	0	0	0	0	0	0	0	0	0	0	0	0	0	0
privaten Haushalten insgesamt	424	847	813	393	421	136	80	56	677	313	365	1656	189	1468
Gemeinn. WU, öff. Institutionen	5	10	10	0	10	7	0	7	3	0	3	34	23	12
Freie WU u. sonst. Eigentümer	2	4	4	0	4	2	0	2	2	0	2	16	7	9
1.3 Wohngebäude mit 3u.m.Wohngn.	352	2784	2668	497	2172	998	74	925	1670	423	1247	9487	3765	5721
im Eigentum von :														
privaten Haushalten (ohne WEG)	217	1206	1156	198	958	370	31	339	786	167	619	4221	1381	2840
" " WEG	60	733	698	298	400	164	42	122	534	256	278	1773	495	1277
privaten Haushalten insgesamt	277	1939	1854	497	1358	534	74	461	1320	423	897	5994	1876	4117
Gemeinn. WU, öff. Institutionen	56	603	579	0	579	366	0	366	213	0	213	2469	1490	978
Freie WU u. sonst. Eigentümer	19	242	234	0	234	98	0	98	136	0	136	1025	399	626
Wohngebäude insgesamt	2259	5121	4938	2169	2770	1412	412	999	3525	1757	1771	12287	4036	8251
im Eigentum von :														
privaten Haushalten (ohne WEG)	2095	3507	3391	1871	1522	766	370	395	2625	1501	1127	6844	1570	5275
" " WEG	60	733	698	298	400	164	42	122	534	256	278	1773	495	1277
privaten Haushalten insgesamt	2156	4241	4090	2169	1922	930	412	517	3160	1757	1405	8617	2065	6552
Gemeinn. WU, öff. Institutionen	76	628	603	0	603	379	0	379	224	0	224	2593	1548	1044
Freie WU u. sonst. Eigentümer	27	252	245	0	245	103	0	103	142	0	142	1077	422	655

Fußnote 1): siehe letztes Blatt

I Wohnungsbestand und Mieten nach Baualtersgruppen im Jahre 1978
- korrigierte Ergebnisse 1) der 1%-Wohnungsstichprobe 1978 -

(4) Vor 1979 errichtete Gebäude	Wohngebäude 2)	darin Wohneinheiten	bewohnte Wohngn.	Eigent.-wohnungen	Miet-wohnungen	davon: öffentlich gefördert Wohnungen	Eigent.-wohnungen	Miet-wohnungen	nicht. öffentl. gefördert Wohnungen	Eigent.-wohnungen	Miet-wohnungen	Mieten brutto p.a. Mill.DM alle Mietwohnungen insges.	öff. gef.	n.ö.g.
1.1 Wohngebäude mit 1 Wohnung	6045	6045	5901	5072	830	645	589	55	5257	4483	775	3957	233	3724
im Eigentum von :														
privaten Haushalten (ohne WEG)	5829	5829	5692	5072	620	613	589	23	5079	4483	597	3032	91	2941
" " WEG	1	1	0	0	0	0	0	0	0	0	0	0	0	0
privaten Haushalten insgesamt	5830	5830	5692	5072	620	613	589	23	5079	4483	597	3032	91	2941
Gemeinn. WU, öff. Institutionen	157	157	153	0	153	24	0	24	129	0	129	673	104	569
Freie WU u. sonst. Eigentümer	59	59	57	0	57	8	0	8	49	0	49	252	38	214
1.2 Wohngebäude mit 2 Wohnungen	2678	5358	5098	2413	2685	533	262	270	4565	2151	2415	7913	745	7169
im Eigentum von :														
privaten Haushalten (ohne WEG)	2570	5140	4891	2413	2478	490	262	227	4401	2151	2250	7363	628	6735
" " WEG	1	3	0	0	0	0	0	0	0	0	0	0	0	0
privaten Haushalten insgesamt	2571	5142	4891	2413	2478	490	262	227	4401	2151	2250	7363	628	6735
Gemeinn. WU, öff. Institutionen	77	154	148	0	148	34	0	34	115	0	115	395	91	304
Freie WU u. sonst. Eigentümer	30	61	59	0	59	9	0	9	50	0	50	156	26	130
1.3 Wohngebäude mit 3u.m.Wohngn.	2004	12482	11788	1279	10510	3907	151	3756	7881	1128	6754	34355	11985	22370
im Eigentum von :														
privaten Haushalten (ohne WEG)	1260	6592	6195	775	5420	1131	85	1046	5063	690	4374	17524	3389	14135
" " WEG	129	1235	1170	504	666	205	66	139	965	438	527	2651	546	2105
privaten Haushalten insgesamt	1389	7827	7364	1279	6086	1336	151	1186	6028	1128	4901	20175	3934	16240
Gemeinn. WU, öff. Institutionen	496	3686	3501	0	3501	2290	0	2290	1210	0	1210	11024	7119	3905
Freie WU u. sonst. Eigentümer	120	970	924	0	924	281	0	281	643	0	643	3157	933	2224
Wohngebäude insgesamt	10727	23885	22788	8764	14025	5085	1002	4082	17703	7761	9944	46226	12963	33263
im Eigentum von :														
privaten Haushalten (ohne WEG)	9658	17561	16777	8260	8518	2234	936	1297	14543	7323	7222	27918	4108	23811
" " WEG	131	1238	1170	504	666	205	66	139	965	438	527	2651	546	2105
privaten Haushalten insgesamt	9790	18799	17947	8764	9184	2439	1002	1436	15509	7761	7748	30569	4653	25916
Gemeinn. WU, öff. Institutionen	729	3997	3801	0	3801	2348	0	2348	1454	0	1454	12092	7314	4777
Freie WU u. sonst. Eigentümer	208	1090	1040	0	1040	299	0	299	741	0	741	3564	996	2568

1) Die Korrekturen stützen sich auf den Vergleich zur GWZ 1987. Im Wesentlichen wurden die Bestandszahlen für die Baualtersgruppe von 1969 bis 1978 angehoben,- vermutlich liegt hier ein Fehler de weil deren Auswahlplan auf der GWZ 1968 basiert. In der Baualtersklasse 1948 - 68 war eine geringfügige Korrektur bei den Einfamilienhäusern erforderlich; dabei könnte die unterschiedliche Abgrenzu der Ferienhäusern eine Rolle spielen.

2) Einschließlich landwirtschaftliche Wohngebäude: 473 Tsd. Gebäude mit 595 Tsd. Wohnungen, die bei den Ein- und Zweifamilienhäusern berücksichtigt worden sind.

II Wohnungsbestand und Mieten nach Baualtersgruppen im Jahre 1987
- Ergebnisse 1) der GWZ 1987 -

Blatt 1

(1) bis 1948 errichtete Gebäude	Wohngebäude 2)	darin Wohneinheiten	bewohnte Wohngn.	Eigent.-wohnungen	Miet-wohnungen	davon: öffentlich gefördert Wohnungen	öff. gef. Eigent.-wohnungen	öff. gef. Miet-wohnungen	nicht öffentl. gefördert Wohnungen	n.ö.g. Eigent.-wohnungen	n.ö.g. Miet-wohnungen	Mieten brutto p.a. Mill. DM alle Mietwohnungen insges.	öff. gef.	n.ö.g.
1.1 Wohngebäude mit 1 Wohnung	2333	2333	2311	1821	490	0	0	0	2311	1821	490	3313	0	3313
im Eigentum von :														
privaten Haushalten (ohne WEG)	2206	2206	2187	1819	368	0	0	0	2187	1819	368	2489	0	2489
" " WEG	7	7	5	2	3	0	0	0	5	2	3	17	0	17
privaten Haushalten insgesamt	2212	2212	2192	1821	371	0	0	0	2192	1821	371	2506	0	2506
Gemeinn. WU, öff. Institutionen	86	86	85	0	85	0	0	0	85	0	85	577	0	577
Freie WU u. sonst. Eigentümer	34	34	34	0	34	0	0	0	34	0	34	231	0	231
1.2 Wohngebäude mit 2 Wohnungen	873	1745	1729	773	956	3	2	1	1726	771	955	3670	4	3665
im Eigentum von :														
privaten Haushalten (ohne WEG)	816	1631	1618	767	852	2	2	0	1616	765	851	3270	2	3268
" " WEG	8	15	12	6	6	0	0	0	12	6	6	22	0	22
privaten Haushalten insgesamt	823	1646	1631	773	858	2	2	0	1628	771	857	3292	2	3291
Gemeinn. WU, öff. Institutionen	34	68	67	0	67	1	0	1	66	0	66	257	2	255
Freie WU u. sonst. Eigentümer	16	32	31	0	31	0	0	0	31	0	31	120	0	120
1.3 Wohngebäude mit 3u.m.Wohngn.	669	3515	3414	329	3085	83	8	75	3331	321	3010	14300	312	13988
im Eigentum von :														
privaten Haushalten (ohne WEG)	503	2507	2420	275	2145	75	8	67	2345	267	2078	9935	277	9657
" " WEG	20	132	126	54	72	1	0	1	125	54	71	335	6	329
privaten Haushalten insgesamt	523	2639	2546	329	2217	77	8	69	2470	321	2149	10270	283	9987
Gemeinn. WU, öff. Institutionen	109	671	664	0	664	5	0	5	659	0	659	3085	21	3065
Freie WU u. sonst. Eigentümer	37	205	203	0	203	2	0	2	202	0	202	945	8	937
Wohngebäude insgesamt	3874	7593	7454	2923	4531	86	10	76	7368	2913	4455	21283	316	20966
im Eigentum von :														
privaten Haushalten (ohne WEG)	3524	6343	6225	2860	3365	77	10	67	6148	2850	3297	15693	279	15414
" " WEG	34	154	143	63	81	1	0	1	142	63	79	375	6	369
privaten Haushalten insgesamt	3559	6497	6368	2923	3445	79	10	69	6290	2913	3377	16068	285	15783
Gemeinn. WU, öff. Institutionen	229	824	817	0	817	6	0	6	811	0	811	3920	23	3896
Freie WU u. sonst. Eigentümer	87	271	269	0	269	2	0	2	267	0	267	1295	8	1287

Fußnote 1): siehe letztes Blatt

II Wohnungsbestand und Mieten nach Baualtersgruppen im Jahre 1987
- Ergebnisse 1) der GWZ 1987 -

Blatt 2

(2) 1949 bis 1968 errichtete Gebäude	Wohngebäude 2)	darin Wohneinheiten	bewohnte Wohngn.	Eigent.-wohnungen	Miet-wohnungen	davon: öffentlich gefördert Woh-nungen	Eigent.-wohnungen	Miet-wohnungen	nicht öffentl. gefördert Woh-nungen	Eigent.-wohnungen	Miet-wohnungen	Mieten brutto p.a. Mill. DM alle Mietwohnungen insges.	öff. gef.	n.ö.g.
1.1 Wohngebäude mit 1 Wohnung	2355	2355	2330	2030	300	325	280	45	2005	1750	255	2240	274	1965
im Eigentum von :														
privaten Haushalten (ohne WEG)	2269	2269	2247	2027	219	301	280	21	1946	1747	198	1658	128	1529
" " WEG	8	8	6	3	3	0	0	0	6	3	3	22	0	22
privaten Haushalten insgesamt	2277	2277	2252	2030	222	301	280	21	1951	1750	201	1680	128	1552
Gemeinn. WU, öff. Institutionen	58	58	57	0	57	18	0	18	39	0	39	411	109	302
Freie WU u. sonst. Eigentümer	21	21	21	0	21	6	0	6	14	0	14	149	38	111
1.2 Wohngebäude mit 2 Wohnungen	952	1904	1883	887	996	332	163	169	1451	624	827	4691	663	4028
im Eigentum von :														
privaten Haushalten (ohne WEG)	908	1817	1800	877	924	300	163	137	1400	614	786	4368	539	3829
" " WEG	12	23	20	10	9	0	0	0	20	10	9	45	0	45
privaten Haushalten insgesamt	920	1840	1820	887	933	300	163	137	1419	624	795	4413	539	3874
Gemeinn. WU, öff. Institutionen	25	51	50	0	50	25	0	25	25	0	25	220	98	122
Freie WU u. sonst. Eigentümer	7	13	13	0	13	7	0	7	7	0	7	57	26	32
1.3 Wohngebäude mit 3u.m.Wohngn.	861	5649	5520	446	5074	2587	54	2533	2933	392	2541	24744	11197	13547
im Eigentum von :														
privaten Haushalten (ohne WEG)	463	2592	2501	258	2243	683	38	645	1818	220	1598	11372	2851	8521
" " WEG	54	454	441	188	253	36	16	20	405	172	233	1329	87	1243
privaten Haushalten insgesamt	517	3047	2942	446	2496	709	54	655	2233	392	1841	12710	2896	9815
Gemeinn. WU, öff. Institutionen	291	2169	2148	0	2148	1718	0	1718	430	0	430	9888	7594	2294
Freie WU u. sonst. Eigentümer	53	434	430	0	430	160	0	160	270	0	270	2146	707	1438
Wohngebäude insgesamt	4168	9908	9733	3363	6370	3244	497	2747	6389	2766	3623	31674	12134	19540
im Eigentum von :														
privaten Haushalten (ohne WEG)	3640	6678	6548	3161	3386	1284	481	803	5164	2581	2583	17398	3518	13880
" " WEG	74	485	466	202	265	36	16	20	430	185	245	1396	87	1310
privaten Haushalten insgesamt	3714	7163	7014	3363	3651	1310	497	813	5604	2766	2838	18803	3563	15240
Gemeinn. WU, öff. Institutionen	374	2277	2255	0	2255	1761	0	1761	494	0	494	10519	7801	2718
Freie WU u. sonst. Eigentümer	80	468	464	0	464	173	0	173	291	0	291	2352	771	1582

Fußnote 1): siehe letztes Blatt

II Wohnungsbestand und Mieten nach Baualtersgruppen im Jahre 1987
- Ergebnisse 1) der GWZ 1987 -

Blatt 3

(3) 1969 bis 1978 errichtete Gebäude	Wohngebäude 2)	darin Wohneinheiten	bewohnte Wohngn.	Eigent.-wohnungen	Miet-wohnungen	davon: öffentlich gefördert Wohnungen	Eigent.-wohnungen	Miet-wohnungen	nicht. öffentl. gefördert Wohnungen	Eigent.-wohnungen	Miet-wohnungen	Mieten brutto p.a. Mill. DM alle Mietwohnungen insges.	öff. gef.	n.ö.g.
1.1 Wohngebäude mit 1 Wohnung	1502	1502	1486	1316	170	165	150	15	1321	1166	155	1620	118	1502
im Eigentum von :														
privaten Haushalten (ohne WEG)	1477	1477	1464	1313	150	157	150	7	1307	1163	143	1445	54	1390
" " WEG	7	7	6	3	3	0	0	0	6	3	3	27	0	27
privaten Haushalten insgesamt	1485	1485	1469	1316	153	157	150	7	1312	1166	146	1472	54	1418
Gemeinn. WU, öff. Institutionen	11	11	11	0	11	5	0	5	5	0	5	93	40	53
Freie WU u. sonst. Eigentümer	6	6	6	0	6	3	0	3	3	0	3	55	24	31
1.2 Wohngebäude mit 2 Wohnungen	397	794	786	394	392	115	86	29	671	308	363	2217	135	2082
im Eigentum von :														
privaten Haushalten (ohne WEG)	386	771	766	388	378	110	86	24	656	302	354	2141	113	2028
" " WEG	7	14	11	6	5	0	0	0	11	6	5	31	0	31
privaten Haushalten insgesamt	393	785	777	394	383	110	86	24	667	308	359	2172	113	2059
Gemeinn. WU, öff. Institutionen	3	6	6	0	6	3	0	3	3	0	3	30	16	15
Freie WU u. sonst. Eigentümer	1	3	3	0	3	1	0	1	1	0	1	14	6	8
1.3 Wohngebäude mit 3u.m.Wohngn.	346	2821	2707	473	2234	862	48	814	1845	425	1420	14234	4965	9269
im Eigentum von :						861								
privaten Haushalten (ohne WEG)	209	1205	1132	179	953	290	13	277	841	166	676	6100	1691	4409
" " WEG	65	720	688	294	394	145	35	110	542	259	283	2522	672	1850
privaten Haushalten insgesamt	274	1925	1819	473	1346	435	48	387	1384	425	959	8622	2363	6259
Gemeinn. WU, öff. Institutionen	57	698	692	0	692	356	0	356	336	0	336	4362	2171	2191
Freie WU u. sonst. Eigentümer	14	198	196	0	196	70	0	70	126	0	126	1250	425	825
Wohngebäude insgesamt	2245	5117	4979	2183	2796	1142	284	858	3837	1899	1938	18071	5218	12853
im Eigentum von :														
privaten Haushalten (ohne WEG)	2072	3454	3361	1880	1481	557	249	308	2804	1631	1173	9685	1857	7828
" " WEG	80	741	705	303	402	145	35	110	559	268	292	2581	672	1908
privaten Haushalten insgesamt	2152	4195	4066	2183	1883	702	284	418	3363	1899	1464	12266	2530	9736
Gemeinn. WU, öff. Institutionen	71	715	708	0	708	364	0	364	344	0	344	4486	2227	2259
Freie WU u. sonst. Eigentümer	22	207	205	0	205	74	0	74	131	0	131	1320	456	864

Fußnote 1): siehe letztes Blatt

II Wohnungsbestand und Mieten nach Baualtersgruppen im Jahre 1987
- Ergebnisse 1) der GWZ 1987 -

Blatt 4

(4) Vor 1979 errichtete Gebäude	Wohngebäude 2)	darin Wohneinheiten	bewohnte Wohngn.	Eigent.-wohnungen	Miet-wohnungen	davon: öffentlich gefördert Woh-nungen	öffentlich gefördert Eigent.-wohnungen	öffentlich gefördert Miet-wohnungen	nicht. öffentl. gefördert Woh-nungen	nicht. öffentl. gefördert Eigent.-wohnungen	nicht. öffentl. gefördert Miet-wohnungen	Mieten brutto p.a. Mill. DM alle Mietwohnungen insges.	öff. gef.	n.ö.g.
1.1 Wohngebäude mit 1 Wohnung	6190	6190	6127	5167	960	490	430	60	5637	4737	900	7173	393	6780
im Eigentum von :														
privaten Haushalten (ohne WEG)	5952	5952	5897	5159	738	458	430	28	5439	4729	710	5591	182	5408
" " WEG	22	22	16	8	8	0	0	0	16	8	8	67	0	67
privaten Haushalten insgesamt	5974	5974	5913	5167	746	458	430	28	5455	4737	718	5657	182	5475
Gemeinn. WU, öff. Institutionen	154	154	153	0	153	23	0	23	130	0	130	1080	148	932
Freie WU u. sonst. Eigentümer	62	62	61	0	61	9	0	9	52	0	52	435	62	373
1.2 Wohngebäude mit 2 Wohnungen	2221	4443	4398	2054	2344	450	251	199	3848	1703	2145	10577	802	9775
im Eigentum von :														
privaten Haushalten (ohne WEG)	2110	4219	4185	2031	2153	413	251	162	3672	1680	1991	9779	653	9126
" " WEG	26	52	43	23	20	0	0	0	43	23	20	98	0	98
privaten Haushalten insgesamt	2136	4271	4228	2054	2174	413	251	162	3715	1703	2012	9878	653	9224
Gemeinn. WU, öff. Institutionen	62	124	123	0	123	29	0	29	94	0	94	508	116	392
Freie WU u. sonst. Eigentümer	24	47	47	0	47	8	0	8	39	0	39	191	32	159
1.3 Wohngebäude mit 3u.m.Wohngn.	1876	11985	11641	1248	10393	3532	110	3422	8109	1138	6971	53278	16474	36804
im Eigentum von :														
privaten Haushalten (ohne WEG)	1175	6304	6052	711	5341	1048	58	989	5005	653	4352	27407	4819	22588
" " WEG	139	1306	1255	537	719	183	52	131	1072	485	587	4187	765	3422
privaten Haushalten insgesamt	1314	7610	7307	1248	6059	1221	110	1111	6086	1138	4948	31602	5542	26060
Gemeinn. WU, öff. Institutionen	457	3537	3504	0	3504	2079	0	2079	1425	0	1425	17335	9786	7549
Freie WU u. sonst. Eigentümer	104	837	829	0	829	232	0	232	598	0	598	4341	1140	3200
Wohngebäude insgesamt	10287	22618	22166	8469	13697	4472	791	3681	17594	7578	10016	71028	17669	53359
im Eigentum von :														
privaten Haushalten (ohne WEG)	9237	16475	16134	7902	8232	1919	739	1179	14115	7062	7053	42777	5655	37122
" " WEG	187	1380	1314	567	747	183	52	131	1132	516	616	4352	765	3587
privaten Haushalten insgesamt	9424	17855	17448	8469	8979	2092	791	1301	15257	7578	7679	47137	6378	40760
Gemeinn. WU, öff. Institutionen	674	3816	3780	0	3780	2131	0	2131	1649	0	1649	18924	10051	8873
Freie WU u. sonst. Eigentümer	189	946	937	0	937	249	0	249	689	0	689	4967	1235	3733

Fußnote 1): siehe letztes Blatt

II Wohnungsbestand und Mieten nach Baualtersgruppen im Jahre 1987
- Ergebnisse 1) der GWZ 1987 -

(5) 1979 und später err. Gebäude	Wohngebäude 2)	darin Wohneinheiten	bewohnte Wohngn.	Eigent.-wohnungen	Miet-wohnungen	davon: öffentlich gefördert Wohnungen	Eigent.-wohnungen	Miet-wohnungen	nicht. öffentl. gefördert Wohnungen	Eigent.-wohnungen	Miet-wohnungen	Mieten brutto p.a. Mill. DM alle Mietwohnungen insges.	öff. gef.	n.ö.g.
1.1 Wohngebäude mit 1 Wohnung	1055	1055	1037	904	133	133	125	8	904	779	125	1460	66	1394
im Eigentum von :														
privaten Haushalten (ohne WEG)	1034	1034	1017	902	115	123	123	0	894	779	115	1379	0	1379
" " WEG	8	8	7	2	4	5	2	3	2	0	2	25	22	3
privaten Haushalten insgesamt	1041	1041	1024	904	120	128	125	3	896	779	117	1405	22	1383
Gemeinn. WU, öff. Institutionen	7	7	7	0	7	3	0	3	4	0	4	29	22	6
Freie WU u. sonst. Eigentümer	6	6	6	0	6	3	0	3	4	0	4	27	21	6
1.2 Wohngebäude mit 2 Wohnungen	275	550	540	237	303	51	33	18	489	204	285	2015	91	1923
im Eigentum von :														
privaten Haushalten (ohne WEG)	265	531	523	232	291	49	33	16	474	199	275	1946	81	1865
" " WEG	7	14	12	5	7	0	0	0	12	5	7	46	0	46
privaten Haushalten insgesamt	272	544	535	237	298	49	33	16	486	204	282	1992	81	1911
Gemeinn. WU, öff. Institutionen	2	4	4	0	4	1	0	1	2	0	2	16	7	8
Freie WU u. sonst. Eigentümer	1	2	2	0	2	1	0	1	1	0	1	7	3	4
1.3 Wohngebäude mit 3u.m.Wohngn.	165	1163	1099	194	905	301	12	289	798	182	616	6619	1758	4861
im Eigentum von :														
privaten Haushalten (ohne WEG)	84	450	414	30	384	101	8	93	312	22	290	2469	567	1902
" " WEG	50	409	385	164	221	38	4	35	346	160	186	2321	211	2110
privaten Haushalten insgesamt	135	860	798	194	604	140	12	128	659	182	477	4790	778	4012
Gemeinn. WU, öff. Institutionen	22	223	221	0	221	134	0	134	86	0	86	1344	818	526
Freie WU u. sonst. Eigentümer	8	81	80	0	80	26	0	26	53	0	53	486	160	326
Wohngebäude insgesamt	1494	2768	2676	1335	1341	485	170	315	2191	1165	1026	10094	1915	8178
im Eigentum von :														
privaten Haushalten (ohne WEG)	1383	2015	1954	1164	790	273	164	109	1681	1000	681	6937	664	6273
" " WEG	65	431	403	171	232	43	6	37	360	165	195	1570	227	1343
privaten Haushalten insgesamt	1448	2446	2357	1335	1022	317	170	147	2040	1165	875	8507	891	7616
Gemeinn. WU, öff. Institutionen	31	233	231	0	231	139	0	139	93	0	93	1188	842	346
Freie WU u. sonst. Eigentümer	15	89	88	0	88	29	0	29	58	0	58	397	179	218

Fußnote 1): siehe letztes Blatt

II Wohnungsbestand und Mieten nach Baualtersgruppen im Jahre 1987
- Ergebnisse 1) der GWZ 1987 -

Blatt 6

(6) **Wohngebäude insgesamt Bestand 1987**	Wohngebäude 2)	darin Wohneinheiten	bewohnte Wohngn.	Eigent.-wohnungen	Miet-wohnungen	davon: öffentlich gefördert Woh-nungen	Eigent.-wohnungen	Miet-wohnungen	nicht. öffentl. gefördert Woh-nungen	Eigent.-wohnungen	Miet-wohnungen	Mieten brutto p.a. Mill.DM alle Mietwohnungen insges.	öff. gef.	n.ö.g.
1.1 Wohngebäude mit 1 Wohnung	7245	7245	7164	6071	1093	623	555	68	6541	5516	1025	8633	459	8174
im Eigentum von :														
privaten Haushalten (ohne WEG)	6986	6986	6914	6061	853	581	553	28	6334	5508	825	6970	183	6788
" " WEG	30	30	23	10	13	5	2	3	18	8	10	92	22	70
privaten Haushalten insgesamt	7016	7016	6937	6071	866	586	555	31	6351	5516	835	7062	204	6858
Gemeinn. WU, öff. Institutionen	161	161	160	0	160	26	0	26	134	0	134	1109	170	938
Freie WU u. sonst. Eigentümer	68	68	67	0	67	12	0	12	56	0	56	462	83	379
1.2 Wohngebäude mit 2 Wohnungen	2496	4993	4938	2291	2647	501	284	217	4337	1907	2430	12592	893	11699
im Eigentum von :														
privaten Haushalten (ohne WEG)	2375	4750	4708	2263	2444	462	284	178	4146	1879	2266	11725	734	10991
" " WEG	33	66	55	28	27	0	0	0	55	28	27	145	0	145
privaten Haushalten insgesamt	2408	4816	4763	2291	2472	462	284	178	4201	1907	2294	11869	734	11135
Gemeinn. WU, öff. Institutionen	64	128	127	0	127	30	0	30	96	0	96	524	124	400
Freie WU u. sonst. Eigentümer	25	49	49	0	49	9	0	9	40	0	40	199	35	163
1.3 Wohngebäude mit 3u.m.Wohngn.	2040	13148	12740	1442	11298	3833	122	3711	8907	1320	7587	59897	18233	41664
im Eigentum von :														
privaten Haushalten (ohne WEG)	1259	6754	6466	742	5724	1149	67	1082	5317	675	4642	29876	5386	24490
" " WEG	190	1716	1640	700	940	221	55	166	1419	645	774	6507	976	5532
privaten Haushalten insgesamt	1449	8470	8106	1442	6664	1361	122	1239	6745	1320	5425	36392	6320	30072
Gemeinn. WU, öff. Institutionen	480	3760	3725	0	3725	2213	0	2213	1512	0	1512	18679	10604	8075
Freie WU u. sonst. Eigentümer	112	918	909	0	909	258	0	258	651	0	651	4826	1301	3526
Wohngebäude insgesamt	11781	25385	24842	9804	15038	4957	961	3996	19785	8743	11042	81121	19584	61537
im Eigentum von :														
privaten Haushalten (ohne WEG)	10620	18490	18088	9068	9020	2192	903	1288	15796	8063	7734	49714	6319	43395
" " WEG	252	1811	1718	736	981	226	58	169	1491	680	811	5922	992	4930
privaten Haushalten insgesamt	10872	20301	19806	9804	10002	2408	961	1447	17297	8743	8554	55645	7269	48376
Gemeinn. WU, öff. Institutionen	705	4049	4011	0	4011	2269	0	2269	1742	0	1742	20112	10893	9219
Freie WU u. sonst. Eigentümer	204	1035	1025	0	1025	278	0	278	747	0	747	5364	1414	3950

1) Bei den Bestandszahlen wurden geringfügige Korrekturen vorgenommen, die sich auf den Vergleich zur 1%-Wohnungsstichprobe 1978 stützen. Dabei handelt es sich:

a) Um eine Umgruppierung bei der Eigentümerstruktur, weil in der GWZ die Gebietskörperschaften und Org.o.E. bei Sonst. Eigentümern erfaßt worden sind. Wie in der Wohnungsstichprobe sind hier gemeinnützige Wohnuungsunternehmen, Gebietskörperschaften und Organisationen o.E. zusammengefasst worden.

b) Um eine geringfügige Umgruppierung von öffentlich geförderten zu nicht öffentlich geförderten Wohnungen, insbesondere bei den Eigentümer-WE älterer Baualtersklassen.

III Bautätigkeit 1978 bis 1986 - Baugenehmigungen und Bewilligungen im sozialen Wohnungsbau

Zahl der Gebäude und Wohnungen nach Nutzungsart

1978 bis 1986 errichtete Gebäude	Bautätigkeit insgesamt 1)					davon:öffentlich gefördert 2)			nicht. öff. gefördert 3)		
	Wohngebäude	Wohneinheiten	darunter eigengen.	Eigent.-wohnungen	Miet-wohnungen	Wohnungen	Eigent.-wohnungen	Miet-wohnungen	Wohnungen	Eigent.-wohnungen	Miet-wohnungen
1.1 Wohngebäude mit 1 Wohnung	1006	1006	87%	835	171	299	299	0	707	536	171
im Eigentum von :											
privaten Haushalten (ohne WEG)	951	942	89%	835	107	299	299	0	643	536	107
" " WEG	0	0	34%	0	0	0	0	0	0	0	0
privaten Haushalten insgesamt	951	942	88%	835	107	299	299	0	643	536	107
Gemeinn.WU u.öff.Inst.	21	22	0%	0	22	0	0	0	22	0	22
Freie WU u.sonst.Eigent.	34	42	0%	0	42	0	0	0	42	0	42
1.2 Wohngebäude mit 2 Wohnungen	347	693	44%	294	399	43	20	23	650	273	377
im Eigentum von :											
privaten Haushalten (ohne WEG)	315	630	44%	280	350	31	16	16	599	264	335
" " WEG	17	33	41%	13	19	10	5	5	23	9	14
privaten Haushalten insgesamt	332	663	44%	294	369	41	20	21	621	273	349
Gemeinn.WU u.öff.Inst.	8	16	0%	0	16	1	0	1	14	0	14
Freie WU u.sonst.Eigent.	6	15	0%	0	15	1	0	1	14	0	14
1.3 Wohngebäude mit 3 u.m. Wohnun	129	1125	18%	216	910	331	35	296	794	180	614
im Eigentum von :											
privaten Haushalten (ohne WEG)	55	367	7%	27	340	66	7	60	300	20	280
" " WEG	43	444	43%	189	255	57	29	29	386	160	226
privaten Haushalten insgesamt	98	810	24%	216	595	124	35	88	687	180	506
Gemeinn.WU u.öff.Inst.	22	227	0%	0	227	152	0	152	76	0	76
Freie WU u.sonst.Eigent.	9	88	0%	0	88	56	0	56	32	0	32
Wohngebäude insgesamt	1482	2824	50%	1344	1480	673	354	319	2151	989	1162
im Eigentum von :											
privaten Haushalten (ohne WEG)	1321	1938	60%	1141	797	396	321	75	1542	820	722
" " WEG	61	476	42%	202	274	67	33	34	409	169	240
privaten Haushalten insgesamt	1382	2415	57%	1344	1071	464	354	109	1951	989	962
Gemeinn.WU u.öff.Inst.	51	265	0%	0	265	153	0	153	112	0	112
Freie WU u.sonst.Eigent.	49	144	0%	0	144	57	0	57	87	0	87

1) Ergebnisse der Bautätigkeitsstatistik - neuerrichtete Gebäude.-
2) Ergebnisse der Bewilligungsstatistik - vollgeförderter reiner Wohnungsbau. Bei den Ein- und Zweifamilienhäusern sind viele Objekte im 2. Förderungsweg einbezogen, deshalb sind die Daten mit der GWZ 87 nur bedingt vergleichbar.-
3) Differenzrechnung.

IV Vergleich von Daten zur Bautätigkeit und zum Wohnungsbestand aus den Jahrgängen nach 1978

Gebäudetyp Maßnahme (Ursache für Abgang oder Zugang)	Neubau (Baugenehmigungen) 1978 bis 1986		Veränderung durch Um-/Ausbau oder Umwidmung Modellrechnung zur Erklärung des Saldos								Gebäude- Wohnungsbestand 1987 errichtet nach 1979	
			Abgang				Zugang		Saldo			
	Gebäude	Wohnungen	Gebäude	Wohnungen			Gebäude	Wohnungen	Gebäude	Wohnungen	Gebäude	Wohnungen
Einfamilienhaus	1006	1006	-30	-30			80	80	49	49	1055	1055
a Ausbau zum 2FH			-30	-30	a	b	80	80				
Zweifamilienhaus	347	693	-100	-200			30	60	-72	-143	275	550
b Umwidmung zum 1FH			-80	-160	b	a	30	60				
c Ausbau zum MFH			-20	-40	c	d	0	0				
Mehrfamilienhaus	129	1125	0	-50			35	90	36	38	165	1163
d Umwidmung zum 2FH			0	0	d	c	20	60				
e Zusammenlegung von Wohnungen			0	-50	e							
f Ausbau MFH bzw. Umwidmung von NWoGeb.						f	15	30				
Insgesamt	1482	2824	-130	-280			145	230	13	-56	1495	2768

nachrichtlich: neugeschaffene Wohnungen durch Ausbau (a,c,f) — 80 — in nach 1978 errichteten Gebäuden

desgleichen laut Bautätigkeitsstatistik (1978 - 1984) — 170 — im gesamten Gebäudebestand

V Entwicklung der Bruttomieten nach Bualtersgruppen 1978 - 1987

Blatt 1: Bruttomieten im Jahre 1978

	Wohnungen in 1000	Fläche Mill. qm	Miete Mrd.DM p.a.	Miete Mill.DM mtl.	Miete DM je qm mtl.	Wohnungen in 1000	Fläche Mill. qm	Miete Mrd.DM p.a.	Miete Mill.DM mtl.	Miete DM je qm mtl.	Wohnungen in 1000	Fläche Mill. qm	Miete Mrd.DM p.a.	Miete Mill.DM mtl.	Miete DM je qm mtl.
	Wohnungen insgesamt					*öffentl. geförderte Wohnungen*					*nicht öff. geförderte Wohnungen*				
bis 1948 errichtete Gebäude															
Mietwohnungen insgesamt	5179	348	13,73	1144	3,29	92	4	0,16	13	3,26	5086	343	13,57	1131	3,29
reine Mietwohnungen	4048	272		983		81	3		11		3966	268		972	
davon mit Mietangabe	3769	253	10,98	915	3,62	77	3	0,13	11	3,66	3692	250	10,86	905	3,62
übrige Mietwohnungen	1131	76		162		11	1		2		1120	75		159	
davon mit Mietangabe	647	44	1,47	123	2,82	10	1	0,03	2	3,62	637	43	1,45	121	2,81
- nicht verbilligt	318	21		73	3,41	5	0		1	3,76	314	21		72	3,40
- verbilligt od. mietfrei	813	55		89		6	0		1		806	54		87	
dar.: mietfrei (geschätzt)	237	16		0		1	0		0		236	16		0	
1949 - 1968 errichtete Gebäude															
Mietwohnungen insgesamt	6484	426	20,78	1732	4,07	2957	184	8,64	720	3,93	3528	242	12,14	1011	4,18
reine Mietwohnungen	5262	338		1481		2603	158		640		2659	180		841	
davon mit Mietangabe	5022	323	16,96	1413	4,38	2539	154	7,49	624	4,04	2483	168	9,47	789	4,70
übrige Mietwohnungen	1222	88		251		354	25		81		869	62		170	
davon mit Mietangabe	935	67	2,75	229	3,42	318	19	0,93	77	3,99	617	48	1,83	152	3,18
- nicht verbilligt	500	35		141	3,99	193	12		48	4,04	307	23		93	3,97
- verbilligt od. mietfrei	722	53		110		161	8		33		561	45		77	
dar.: mietfrei (geschätzt)	171	13		0		20	1		0		151	12		0	
1969 - 1978 errichtete Gebäude															
Mietwohnungen insgesamt	2439	169	10,63	886	5,23	914	61	3,68	307	5,02	1526	108	6,95	579	5,35
reine Mietwohnungen	2186	150		817		804	53		274		1382	98		543	
davon mit Mietangabe	2080	143	9,33	778	5,43	782	51	3,20	266	5,21	1298	92	6,13	511	5,55
übrige Mietwohnungen	253	19		69		110	9		33		144	10		36	
davon mit Mietangabe	175	13	0,66	55	4,23	98	6	0,37	31	5,17	77	7	0,29	25	3,45
- nicht verbilligt	89	7		32	4,80	48	2		13	5,24	41	4		19	4,54
- verbilligt od. mietfrei	164	12		37		62	4		20		102	9		17	
dar.: mietfrei (geschätzt)	32	3		0		4	0		0		28	2		0	
vor 1979 err. Gebäude insges.															
Mietwohnungen insgesamt	14102	942	45,15	3762	3,99	3963	249	12,48	1040	4,18	10139	694	32,66	2722	3,92
reine Mietwohnungen	11496	760		3281		3488	214		925		8008	546		2356	
davon mit Mietangabe	10871	719	37,27	3106	4,32	3398	208	10,81	901	4,32	7473	510	26,46	2205	4,32
übrige Mietwohnungen	2606	183		481		475	35		116		2131	148		366	
davon mit Mietangabe	1757	124	4,88	407	3,29	426	26	1,32	110	4,26	1331	98	3,57	297	3,04
- nicht verbilligt	908	63		246	3,88	245	15		62	4,24	662	49		184	3,77
- verbilligt od. mietfrei	1698	120		235		230	12		54		1469	108		182	
dar.: mietfrei (geschätzt)	440	31		0		25	1		0		416	30		0	

Quelle: 1%-Wohnungsstichprobe 1978, Tabelle M2; Gebäude-und Wohnungszählung 1987, Tabelle W5; Berechnungen des DIW.

V Entwicklung der Bruttomieten nach Baualtersgruppen 1978 - 1987

Blatt 2: Bruttomieten im Jahre 1987

	Wohnungen in 1000	Fläche Mill. qm	Miete Mrd.DM p.a.	Miete Mill.DM mtl.	Miete DM je qm mtl.	Wohnungen in 1000	Fläche Mill. qm	Miete Mrd.DM p.a.	Miete Mill.DM mtl.	Miete DM je qm mtl.	Wohnungen in 1000	Fläche Mill. qm	Miete Mrd.DM p.a.	Miete Mill.DM mtl.	Miete DM je qm mtl.
	Wohnungen insgesamt					*öffentl. geförderte Wohnungen*					*nicht öff. geförderte Wohnungen*				
bis 1948 errichtete Gebäude															
Mietwohnungen insgesamt	4691	334	21,64	1803	5,40	88	6	0,37	31	5,29	4603	328	21,27	1772	5,40
reine Mietwohnungen	3832	266		1578		77	5		28		3755	261		1551	
davon mit Mietangabe	3579	248	17,69	1474	5,94	73	4	0,31	26	5,77	3507	244	17,38	1449	5,94
übrige Mietwohnungen	859	68		225		11	1		3		848	67		221	
davon mit Mietangabe	488	39	2,04	170	4,39	9	1	0,04	3	4,95	479	38	2,00	167	4,38
- nicht verbilligt	242	19		102	5,29	5	1		2	2,63	237	19		100	5,39
- verbilligt od. mietfrei	617	49		123		6	0		2		611	49		121	
dar.: mietfrei (geschätzt)	181	14		0		1	0		0		180	14		0	
1949 - 1968 errichtete Gebäude															
Mietwohnungen insgesamt	6525	423	32,03	2669	6,31	2745	174	12,22	1018	5,86	3780	256	19,81	1651	6,44
reine Mietwohnungen	5386	344		2306		2368	144		894		3017	200		1412	
davon mit Mietangabe	5144	329	26,43	2202	6,70	2295	138	10,25	854	6,20	2849	191	16,18	1348	7,06
übrige Mietwohnungen	1139	79		363		376	23		124		763	56		239	
davon mit Mietangabe	790	55	3,58	298	5,47	323	20	1,36	114	5,57	466	34	2,22	185	5,40
- nicht verbilligt	467	32		196	6,16	205	20		74	3,68	261	19		121	6,52
- verbilligt od. mietfrei	673	47		168		171	9		50		502	38		118	
dar.: mietfrei (geschätzt)	160	12		0		21	1		0		138	10		0	
1969 - 1978 errichtete Gebäude															
Mietwohnungen insgesamt	2870	207	18,35	1529	7,40	868	62	5,32	443	7,17	2002	147	13,04	1086	7,39
reine Mietwohnungen	2473	176		1364		759	52		390		1714	124		973	
davon mit Mietangabe	2361	168	15,62	1302	7,73	732	50	4,47	373	7,48	1629	119	11,15	929	7,84
übrige Mietwohnungen	397	30		166		109	10		53		288	23		113	
davon mit Mietangabe	278	21	1,61	134	6,36	95	7	0,56	47	7,00	183	14	1,05	87	6,05
- nicht verbilligt	139	11		76	7,22	43	5		22	4,07	97	7		55	7,32
- verbilligt od. mietfrei	258	20		90		66	4		30		192	15		60	
dar.: mietfrei (geschätzt)	51	4		0		4	0		0		46	4		0	
vor 1979 err. Gebäude insges.															
Mietwohnungen insgesamt	14086	963	72,02	6002	6,23	3700	241	17,91	1492	6,19	10385	722	54,11	4509	6,24
reine Mietwohnungen	11690	786		5248		3204	201		1312		8486	585		3936	
davon mit Mietangabe	11084	745	59,74	4979	6,68	3100	192	15,03	1252	6,52	7985	553	44,72	3726	6,73
übrige Mietwohnungen	2395	177		754		497	40		181		1899	137		573	
davon mit Mietangabe	1555	114	7,23	603	5,27	428	28	1,96	164	5,91	1128	87	5,27	439	5,06
- nicht verbilligt	848	62		374	6,07	253	26		98	3,74	595	35		276	7,79
- verbilligt od. mietfrei	1548	116		381		244	14		82		1304	102		299	
dar.: mietfrei (geschätzt)	391	30		0		27	2		0		365	28		0	

Quelle: 1%-Wohnungsstichprobe 1978, Tabelle M2; Gebäude-und Wohnungszählung 1987, Tabelle W5; Berechnungen des DIW.

VI Blatt 1

Nichtlandwirtschaftliche Wohngebäude mit Angaben über jährliche Aufwendungen bzw. Mieteinnahmen je Gebäude im Jahre 1978

Gegenstand der Nachweisung	Nicht-landwirt. Wohn-gebäude insg. 1)	Gebäude mit Angaben über laufende Aufwendungen zusammen	darin Wohngn.	jährliche Aufwendungen je Gebäude (in DM) Grundsteuer ermäßigt	nicht ermäßigt	öffentliche Gebühren	Versicherungen	Dienstleistungen	sonstige Betriebskosten	Instandhaltungskosten	Gebäude mit Angaben über jährliche Mieteinnahmen 3) zusammen	darin Whgn.
Gebäude mit 1 Wohnung von ... bis ...errichtet												
bis 1948	1677	1607	1607	135	178	320	175	245	581	1319	230	230
1949-1968	1848	1799	1799	186	270	390	191	360	637	1172	149	149
1969-1978	1072	1002	1002	62	269	411	214	361	781	800	85	85
Insgesamt	4598	4419	4407	140	236	370	190	318	650	1141	.464	464
Gebäude mit 2 Wohnungen von ... bis ...errichtet												
bis 1948	895	861	1722	177	220	409	182	238	523	1583	506	1013
1949-1968	932	905	1806	21ı	306	441	185	266	527	1373	612	1223
1969-1978	327	309	622	87	278	514	229	313	701	982	225	450
Insgesamt	2153	2075	4150	179	266	439	190	261	551	1402	1343	2686
Gebäude mit 3 u.mehr Whngn von ... bis ...errichtet												
bis 1948	503	479	2243	408	506	979	308	654	578	2518	439	2087
1949-1968	539	517	2979	656	863	1372	333	853	674	2444	470	2717
1969-1978	170	156	1091	225	784	1589	543	1193	1096	1710	125	782
Insgesamt	1212	1152	6314	494	704	1238	351	816	691	2376	1034	5586
darunter Geb.m. 3 - 6 Whngn.												
bis 1948	423	403	1496	369	401	726	258	462	491	2249	365	1370
1949-1968	396	381	1574	484	616	968	264	648	561	2118	344	1432
1969-1978	118	109	441	143	552	980	338	729	820	1326	93	369
Wohngebäude insgesamt von ... bis ...errichtet												
bis 1948	3075	2947	5572	181	244	453	200	404	571	1622	1175	3330
1949-1968	3319	3233	6584	267	374	561	212	497	619	1460	1231	4090
1969-1978	1569	1475	2715	86	324	549	253	550	820	972	435	1317
Insgesamt	7963	7635	14871	199	315	519	216	473	641	1432	2840	8736
Gebäude im Eigentum von												
Gemeinsch. W.-eigentümer	77	70	559	233	890	1815	678	1959	1184	2144	0	0
Einzelperson, Ehepaar	6976	6696	11068	73	283	448	210	396	654	1373	2188	5825
Erbengemeinschaft o.ä.	412	393	1023	215	385	600	224	620	658	1746	188	701
freies Wo-Unt., sonst.Unt.	107	101	385	526	509	931	249	712	490	1847	99	382
Kreditinst., Vers., Imm.-Fonds	9	9	71	866	1111	2534	707	2343	1770	3803	8	69
gemeinn. Wohnungsuntern.	257	250	1412	359	557	1456	212	755	472	2397	250	1422
Geb.-K., sonst.K., Org.o.E.	125	117	354	202	340	784	167	467	512	1789	108	337
Insgesamt 3)	7963	7635	14871								2840	8736

1) Nur solche, die allein (ohne andere Gebäude) auf dem Grundstück stehen und die nur Wohnzwecken dienen.
2) Gesamtes Mietaufkommen einschl. des Mietwerts der eigengenutzten Wohnung bei Zwei- und Mehrfamilienhäusern.
3) Bei den Mieteinnahmen der Gebäude wurden keine Angaben von Eigentümergemeinschaften eingeholt.
Quelle: 1 % - Wohnungsstichprobe 1978 , Tabelle G4. Berechnungen des DIW.

Nichtlandwirtschaftliche Wohngebäude mit Angaben über jährliche Aufwendungen bzw. Mieteinnahmen je Gebäude im Jahre 1978

Gegenstand der Nachweisung	Anteil Gebäude m. Mietangabe in %	Mieteinnahme je Gebäude in DM 2)	Gebäude mit Angaben über Mieteinnahmen: jährl. Miete je Wohnung in DM	jährl. Aufwand je Wohnung in DM	Bruttomieten insgesamt in 1000 DM	Aufwand insgesamt in 1000 DM	Nettomieten insgesamt in 1000 DM	Quote Nettomieten in %	Insgesamt lt. WSt 1978: nichtlw. Wohngeb.	darin bewohnte Wohneinheiten	darin bewohnte Mietwhngn.
Gebäude mit 1 Wohnung von ... bis ...errichtet											
bis 1948	14%	4017	4017	2955	924	680	244	26%	2075	2075	410
1949-1968	8%	4850	4850	3206	724	479	245	34%	2077	2080	247
1969-1978	8%	6594	6594	2898	558	245	313	56%	1193	1190	139
Insgesamt	10%	4755	4755	3054	2206	1404	803	36%	5345	5345	797
Gebäude mit 2 Wohnungen von ... bis ...errichtet											
bis 1948	57%	4011	2005	1666	2031	1687	344	17%	1101	2202	1111
1949-1968	66%	6217	3109	1658	3803	2028	1775	47%	1037	2081	1036
1969-1978	69%	6351	3175	1543	1429	694	734	51%	368	730	373
Insgesamt	62%	5407	2704	1644	7262	4409	2853	39%	2506	5012	2521
Gebäude mit 3 u.mehr Whngn von ... bis ...errichtet											
bis 1948	87%	12197	2563	1272	5349	2655	2695	50%	771	3994	3285
1949-1968	87%	18233	3151	1249	8562	3395	5167	60%	881	5705	5054
1969-1978	74%	25896	4149	1018	3245	796	2449	75%	280	2395	1863
Insgesamt	85%	16600	3071	1218	17156	6846	10310	60%	1932	12093	10202
darunter Geb.m. 3 - 6 Whngn.											
bis 1948	86%	9678	2580	1335	3534	1829	1704	48%	608	2321	
1949-1968	87%	13375	3215	1371	4603	1962	2641	57%	678	2885	
1969-1978	78%	15162	3815	1208	1408	446	962	68%	172	769	
Wohngebäude insgesamt von ... bis ...errichtet											
bis 1948	38%	7068	2494	1944	8304	6473	1831	22%	3946	8270	4806
1949-1968	37%	10636	3200	1959	13089	8013	5075	39%	4086	10247	6337
1969-1978	28%	12029	3974	1931	5232	2543	2689	51%	1842	4315	2376
Insgesamt	36%	9373	3048	1949	26624	17023	9602	36%	9783	22450	13519
Gebäude im Eigentum von											
Gemeinsch. W.-eigentümer	-	0	-	1107	-	-	-	-	122	1189	640
Einzelperson, Ehepaar	31%	7629	2866	2079	16692	12109	4583	27%	8188	14526	7050
Erbengemeinschaft o.ä.	46%	10644	2853	1710	2000	1199	801	40%	529	1601	820
freies Wo-Unt., sonst.Unt.	92%	12529	3237	1379	1237	527	710	57%	179	818	780
Kreditinst., Vers., Imm.-Fonds	86%	39632	4474	1610	309	111	198	64%	24	224	210
gemeinn. Wohnungsuntern.	97%	18189	3198	1098	4549	1562	2987	66%	522	3326	3170
Geb.-K., sonst.K., Org.o.E.	87%	7741	2478	1409	835	475	360	43%	206	661	630
Insgesamt 3)	36%	9021	2933						9769	22346	13300

1) Nur solche, die allein (ohne andere Gebäude) auf dem Grundstück stehen und die nur Wohnzwecken dienen.
2) Gesamtes Mietaufkommen einschl. des Mietwerts der eigengenutzten Wohnung bei Zwei- und Mehrfamilienhäusern.
3) Bei den Mieteinnahmen der Gebäude wurden keine Angaben von Eigentümergemeinschaften eingeholt.
Quelle: 1 % - Wohnungsstichprobe 1978 , Tabelle G4. Berechnungen des DIW.

VII Brutto- / Nettomieten hochgerechnet mit der Gesamtzahl der bewohnten Mietwohnungen

Gegenstand der Nachweisung	Mieten und Aufwand bei Mietwohnungen in nichtlandwirtschaftlichen Wohngebäuden											
	Brutto-mieten	Aufwand	Netto-mieten	Quote Netto-mieten	Brutto-mieten	Aufwand	Netto-mieten	Quote Netto-mieten	Brutto-mieten	Aufwand	Netto-mieten	Quote Netto-mieten
	in Mrd. DM			in %	in Mrd. DM			in %	in Mrd. DM			in %
	Wohngebäude insgesamt				*mit öff. geförd. Wohnungen*				*ohne öff. geförd. Wohnungen*			
Gebäude mit 1 Wohnung von ... bis ...errichtet												
bis 1948	1,65	1,21	0,44	*26%*	0	0	0	-	1,65	1,21	0,44	*26%*
1949-1968	1,20	0,79	0,41	*34%*	0,17	0,12	0,05	*28%*	1,03	0,67	0,36	*35%*
1969-1978	0,92	0,40	0,51	*56%*	0,12	0,05	0,07	*61%*	0,80	0,36	0,44	*55%*
Insgesamt	3,76	2,41	1,36	*36%*	0,29	0,17	0,12	*42%*	3,47	2,24	1,23	*35%*
Gebäude mit 2 Wohnungen von ... bis ...errichtet												
bis 1948	2,23	1,85	0,38	*17%*	0	0	0	-	2,22	1,85	0,38	*17%*
1949-1968	3,22	1,72	1,50	*47%*	0,40	0,30	0,10	*25%*	2,86	1,42	1,44	*50%*
1969-1978	1,18	0,58	0,61	*51%*	0,28	0,15	0,14	*49%*	0,88	0,42	0,46	*52%*
Insgesamt	6,63	4,15	2,49	*38%*	0,69	0,45	0,24	*35%*	5,97	3,69	2,28	*38%*
Gebäude mit 3 u.mehr Whngn. von ... bis ...errichtet												
bis 1948	8,42	4,18	4,24	*50%*	0,06	0,03	0,03	*46%*	8,35	4,14	4,21	*50%*
1949-1968	15,92	6,31	9,61	*60%*	7,91	3,18	4,73	*60%*	7,94	3,08	4,86	*61%*
1969-1978	7,73	1,90	5,83	*75%*	3,52	0,73	2,79	*79%*	4,21	1,14	3,07	*73%*
Insgesamt	32,07	12,39	19,68	*61%*	11,49	3,95	7,54	*66%*	20,50	8,36	12,14	*59%*
Wohngebäude insgesamt von ... bis ...errichtet												
bis 1948	12,29	7,24	5,05	*41%*	0,06	0,03	0,03	*46%*	12,22	7,20	5,02	*41%*
1949-1968	20,35	8,83	11,52	*57%*	8,48	3,61	4,88	*57%*	11,83	5,18	6,65	*56%*
1969-1978	9,83	2,88	6,96	*71%*	3,93	0,93	3,00	*76%*	5,89	1,92	3,97	*67%*
Insgesamt	42,47	18,94	23,53	*55%*	12,47	4,57	7,91	*63%*	29,94	14,29	15,65	*52%*

VIII Entwicklung ausgewählter Positionen der jährlichen Aufwendungen bei Wohnungsvermietung von 1978 bis 1987

Bruttomieten und Aufwandspositionen	1978	1980	1983	1987
Mietenaufkommen aus dem Wohnungsbestand vor 1979	46,23	51,49	62,17	71,03
desgl. als Index (1978 = 100)	100	111	134	154
Aufkommen aus der Grundsteuer B als Index (1978 = 100)	100	106	125	147
Öffentliche Gebühren jeweils als Index (1978 = 100):				
- Allgemeine Wassertarife 1)	100	108	125	138
- Abwasserbeseitigung 2)	100	113	150	183
- Müllabfuhr 3)	100	107	124	133
- Straßenreinigung 4)	100	108	127	145
Instandhaltungskosten Preisindex für Schönheitsreparaturen an Wohngebäuden	100	116	133	145
Versicherungen und Dienstleistungen	keine statistische Quelle verfügbar			

1) bei einer monatlichen Abnahmemenge von 25 m3.-
2) Jahresgebühr für 1 m3 bei Abnahme einer größeren Frischwassermenge.-
3) Jahresgebühr für wöchentliche Leerung einer Tonne mit größerem Inhalt.-
4) Jahresgebühr bei zweimaliger Reinigung pro Woche.-

Quellen: Grundsteuer, vgl. Finanzbericht 1991 des BMF; öffentliche Gebühren, Instandhaltungskosten, vgl. Preisindexberechnungen des Statistischen Bundesamtes.

IX Modernisierung und Instandsetzung von Wohngebäuden im Zeitraum 1972 bis 1978

Ergebnisse der 1%-Wohnungsstichprobe 1978

Gebäude nach Baualtersklassen	Wohn-gebäude (1)	Wohneinheiten (2)	Modernisierung und große Instandsetzung Geb. (3)	Wohng. (4)	Wohnungsmodernisierung = nachträgl. Einbauten (Zahl der Wohnungen) Gebäude (5)	Wohnungen (6)	Küche (7)	Bad/ WC (8)	Heiz./ WW (9)	Iso-Fenste (10)	Instandsetzung = Maßnahmen am Gebäude (Zahl der Wohnungen) Geb. (11)	Wohng. (12)	Innen-Ausba (13)	Erwei-terung (14)	große Inst. (15)	sonst. Maßn. (16)	Gebäude mit Kosten-angabe (17)	Kosten Modern., Instands. je Geb. (18)
	Bestand 1978 in 1000		**Anteile** in vH von (1),(2)		Anzahl 1972-78 in 1000		-in vH von Spalte (6), Kombinationen möglich -				Anzahl 1972-78 in 1000		-in vH von Spalte (12), Kombinationen möglich -				Anzahl in 1000	**Betrag** in DM
Wohngebäude mit 1 Wohnung	5633	5633	**35**	**35**	1315	1315	19	80	60	53	1433	1433	34	20	55	36	1824	**15880**
errichtet bis 1948	2308	2308	**42**	**42**	706	706	19	99	57	54	735	735	39	18	62	36	915	**17438**
1949 - 1968	2106	2106	**39**	**39**	534	534	17	56	64	54	582	582	28	23	50	36	772	**14445**
1969 u. später	1219	1219	**12**	**12**	75	75	27	80	58	47	116	116	38	24	38	36	137	**13566**
Wohngebäude mit 2 Wohnunge	2560	5119	**42**	**42**	761	1521	12	52	54	42	785	1540	34	27	59	35	998	**18806**
errichtet bis 1948	1144	2288	**49**	**49**	421	842	13	64	51	43	424	808	40	24	64	38	523	**20429**
1949 - 1968	1042	2080	**44**	**44**	313	625	9	34	60	42	326	651	26	30	54	31	427	**17234**
1969 u. später	374	748	**14**	**14**	27	54	19	57	51	31	35	81	33	29	44	36	48	**15170**
Wohngeb. mit 3 u.m. Wohng.	1916	11969	**37**	**33**	518	2781	9	37	57	30	477	2681	24	8	70	41	633	**25029**
errichtet bis 1948	767	3961	**51**	**50**	301	1534	9	51	45	33	279	1511	31	9	70	46	349	**26314**
1949 - 1968	872	5649	**34**	**31**	206	1193	7	19	73	26	174	1043	16	8	71	35	263	**24090**
1969 u. später	277	2359	**9**	**7**	11	54	12	37	40	36	25	128	17	8	71	27	21	**17374**
Wohngebäude insgesamt	10108	22718	**37**	**35**	2594	5618	12	51	57	39	2694	5654	29	16	63	38	3455	**18401**
errichtet bis 1948	4219	8556	**46**	**48**	1428	3082	13	65	49	41	1438	3054	35	15	66	41	1786	**20047**
1949 - 1968	4020	9836	**39**	**36**	1053	2352	10	32	68	37	1081	2276	22	18	61	34	1462	**16994**
1969 u. später	1870	4326	**12**	**9**	113	183	20	61	51	39	176	324	29	19	52	32	206	**14325**
Wohngebäude insgesamt	10108	22718	**37**	**35**	2594	5618	12	51	57	39	2694	5654	29	16	63	38	3455	**18401**
im Eigentum von :																		
priv. Haushalten (ohne WEG)	9131	17679	**38**	**38**	2429	4700	13	57	53	40	2569	4986	31	18	62	37	3255	**17929**
" " WEG - Gem.	126	1203	**20**	**16**	14	78	11	44	127	34	19	152	16	5	81	25	22	**23733**
priv. Haushalten insgesamt	9257	18882	**38**	**37**	2443	4778	13	56	54	40	2588	5139	31	18	63	37	3278	**17968**
Gemeinn.WU u.Organisationen	724	3959	**25**	**25**	139	773	7	23	83	34	98	519	16	3	70	49	161	**27721**
Freien WU u. sonst. Eigent.	254	1080	**17**	**20**	26	145	10	26	58	20	27	148	14	2	73	30	38	**19281**

X Berechnungen zum Wohnungsbauvolumen - Struktur der Wohnungsbauleistungen

	1975	1978	1980	1983	1986	1989
			zu jeweiligen Preisen			
Neubauvolumen 1)	50,30	63,10	79,60	78,80	58,80	68,00
davon:						
Eigenheimbau	35,40	51,10	63,50	52,20	45,40	51,30
Geschoßwohnungsbau	14,90	12,00	16,10	26,60	13,40	16,70
Bauleistungen an bestehenden Gebäuden 2)	21,17	28,46	37,59	44,17	55,56	65,79
Wohnungsbauvolumen insgesamt	71,47	91,56	117,19	122,97	114,36	133,79
Zum Vergleich:Wohnungsbauinvestitionen 3)	59,11	76,84	100,57	106,79	103,07	119,11
			zu Preisen von 1980			
Neubauvolumen	74,10	75,63	79,60	70,59	50,20	53,80
Eigenheimbau	48,70	61,25	63,50	46,76	38,76	40,59
Geschoßwohnungsbau	20,50	14,38	16,10	23,83	11,44	13,21
Bauleistungen an bestehenden Gebäuden	28,84	33,81	37,59	39,29	46,52	50,69
Wohnungsbauvolumen	98,04	109,44	117,19	109,88	96,72	104,49
			Struktur in vH			
Neubauvolumen	71	69	68	64	52	51
Eigenheimbau	50	56	54	43	40	39
Geschoßwohnungsbau	21	13	14	22	12	13
Bauleistungen an bestehenden Gebäuden	29	31	32	36	48	49
Wohnungsbauvolumen	100	100	100	100	100	100

1) Geschätzt über veranschlagte Baukosten (Bautätigkeitsstatistik), ergänzt um Zuschläge für Architektenleistungen und Gebühren, Außenanlagen und Eigenleistungen der Investoren.
2) Gebäude- und Wohnungsmodernisierung (einschl. Um- und Ausbaumaßnahmen) und Instandsetzungsleistungen.
3) Entspricht dem Wohnungsbauvolumen abzügl. der Leistungen des Baugewerbes für nicht werterhöhende Reparaturen.

XI Kreditvergabe für den Wohnungsbau seit 1978

	1978	1979	1980	1981	1982	1983	1984	1985	1986	1987	1988	1989	1990
Kreditzusagen (in Mrd.DM)							*)						
a) Insgesamt (ohne sonst. K.I.)	88,97	83,70	89,29	84,57	91,11	106,97	103,83	107,68	108,78	107,21	108,25	111,59	107,79
Bausparkassen 1)													
- Kapitalzusagen insg.	55,27	61,42	59,49	61,32	57,05	62,08	62,52	58,47	58,16	59,42	55,75	55,46	61,41
- dar.: angenommene Zuteilungen	39,25	43,11	44,80	45,97	42,20	40,90	43,75	42,37	41,28	44,58	43,14	41,79	45,46
Sparkassen 2)	22,45	21,09	17,11	15,29	18,99	28,82	29,00	29,38	29,94	30,48	33,10	34,69	32,35
Pfandbriefinstitute	22,43	14,67	22,18	18,29	24,50	30,46	25,49	30,16	32,61	27,81	27,88	27,30	22,98
- private Hypothekenbanken	13,59	7,66	14,22	12,39	17,46	19,29	15,87	20,69	22,98	20,51	20,47	19,27	15,86
- öffentliche Banken 2)	8,84	7,01	7,96	5,90	7,04	11,17	9,61	9,47	9,63	7,30	7,41	8,03	7,12
Lebensversicherungen	4,84	4,83	5,20	5,02	5,42	6,79	5,59	5,77	4,95	4,34	4,13	7,81	7,00
b) davon Wohnungsneubau	55,10	53,32	52,45	48,66	50,47	60,96	58,51	53,49	49,92	47,54	46,88	51,44	52,79
Bausparkassen	23,52	27,02	26,11	26,92	24,73	27,17	26,48	24,97	23,45	24,31	23,49	24,70	27,63
- private	14,94	17,43	16,37	17,69	14,95	17,47	17,88	16,52	15,16	16,56	16,11	17,06	0,00
- öffentliche	8,59	9,59	9,74	9,23	9,78	9,70	8,60	8,45	8,29	7,75	7,38	7,63	0,00
Sparkassen	14,45	13,89	10,51	9,29	11,09	15,92	15,38	12,72	11,15	10,58	11,41	11,98	11,50
Pfandbriefinstitute	14,14	9,41	12,45	9,39	11,91	14,91	13,71	13,45	12,48	10,11	9,52	10,28	10,16
- private Hypothekenbanken	7,74	4,45	7,16	5,53	7,52	7,82	7,03	7,89	7,18	6,64	6,50	6,53	6,00
- öffentliche Banken	6,39	4,96	5,29	3,86	4,39	7,10	6,67	5,56	5,30	3,47	3,02	3,75	4,16
Lebensversicherungen 2)	3,00	3,00	3,37	3,06	2,74	2,95	2,94	2,35	2,84	2,54	2,46	4,48	3,50
Auszahlungen (in Mrd DM)													
Insgesamt	74,54	82,71	91,30	92,03	88,64	105,45	107,68	108,19	108,38	107,17	105,76	110,43	111,31
Bausparkassen 1)4)	40,30	47,26	48,03	48,91	44,33	47,47	47,66	44,53	41,53	43,33	42,22	43,36	49,75
dar.: für Zuteilungen	25,66	30,51	32,81	33,76	30,25	27,96	29,62	29,27	26,67	29,13	29,58	30,83	34,97
davon Darlehen	11,25	14,25	16,00	16,59	14,49	12,97	13,58	13,31	11,64	12,76	12,90	13,30	15,19
für neue Vor-u.Zwi.-kredite	14,65	16,74	15,22	15,15	14,08	19,51	18,04	15,26	14,86	14,20	12,63	12,52	14,78
und sonstige Baudarlehen													
Bausparkassen Kredite insg.	25,90	30,99	31,22	31,74	28,57	32,48	31,62	28,57	26,50	26,96	25,53	25,82	29,97
Sparkassen	17,78	20,40	19,27	17,14	17,60	25,92	29,29	29,12	29,34	29,47	31,26	33,02	31,69
Pfandbriefinstitute	12,25	10,42	18,94	20,90	21,89	26,40	24,66	29,03	31,30	28,62	26,51	26,14	22,37
Lebensversicherungen	4,21	4,63	5,06	5,08	4,82	5,66	6,07	5,51	6,21	5,75	5,78	7,91	7,50
Sonst. Kreditinstitute 5)	20,60	26,15	22,87	20,72	21,19	29,10	28,70	25,90	24,80	25,10	27,00	34,50	38,50
Auszahlungen einschl. Sonstige K.I.	95,14	108,86	114,17	112,75	109,83	134,60	136,40	134,10	133,20	132,30	132,80	144,90	149,80
nachrichtlich:													
Öff. Mittel Soz. Wohnungsbau	2,92	3,19	3,93	4,49	5,37	4,59	3,26	3,21	2,71	2,21	2,18		

*) Kredite für wohnungswirtschaftliche Zwecke, die nicht den Neubau betreffen, wurden vor 1984 nur unvollständig erfaßt.-
1) Nach Angaben der Deutschen Bundesbank (Mon.-Bericht) und der Verbände,- Angaben zur Neubaufinanzierung basieren auf Quoten.
2) Vor 1984 Differenzrechnung bzw. Schätzung der Beträge, die für Kauf, Modernisierung etc. beritgestellt worden sind.-
3) Ablösung von Krediten anderer Institute (auch der gleichen Inst.-gruppe), ohne Anschlußfinanzierungen innerhalb der Institute.-
4) Reine Auszahlungen, ohne die zur Ablösung von Zwischenkrediten dienenden Beträge.-
5) Geschätzt über die Veränderung der Kreditbestände (Geschäfts- u. Genossenschaftsbanken).

XII Entwicklung der Kreditbestände auf Wohngrundstücke

	1970	1973	1977	1980	1983	1986	1989
Hypothekarkredite	137,70	185,80	238,20	311,0	381,1	456,9	516,7
dar.: Kreditbanken	6,32	9,57	13,74	21,2	25,8	42,4	57,7
Genossenschaftsbanken	4,41	8,76	13,75	19,7	23,9	27,6	32,0
Sparkassen-Organisation	57,32	81,64	100,78	126,6	156,9	181,9	195,3
Realkreditinstitute	65,28	80,00	102,57	134,1	164,2	194,1	213,5
Kreditinst.m.Sonderaufg.	4,37	5,83	7,36	9,3	10,3	10,9	18,1
Sonstige Kredite	21,90	43,80	71,80	132,0	191,3	226,8	254,9
dar.: Kreditbanken	4,00	10,40	19,97	36,4	48,9	55,3	67,9
Genossenschaftsbanken	6,70	12,89	23,13	42,4	60,1	68,3	75,1
Sparkassen-Organisation	6,20	13,63	21,19	44,3	65,4	86,7	102,3
Realkreditinstitute	3,35	3,04	5,23	6,5	11,5	10,7	6,4
Kreditinst.m.Sonderaufg.	1,65	3,84	2,28	2,4	5,5	5,8	3,1
Kreditinstitute insges. (ohne Bauspark.)	159,60	229,60	310,00	443,0	572,4	683,8	771,6
dar.: Kreditbanken	10,32	19,97	33,71	57,6	74,7	97,7	125,6
Genossenschaftsbanken	11,11	21,65	36,88	62,1	84,0	95,9	107,2
Sparkassen-Organisation	63,52	95,27	121,97	171,0	222,3	268,6	297,7
Realkreditinstitute	68,63	83,04	107,80	140,6	175,7	204,8	219,9
Kreditinst.m.Sonderaufg.	6,02	9,67	9,64	11,8	15,8	16,7	21,3
Bausparkassen	34,70	55,87	82,36	115,8	139,2	143,1	129,8
Private Bausparkassen	22,17	35,72	55,37	77,8	93,1	97,3	89,2
Öffentliche Bausparkassen	12,53	20,15	26,99	37,9	46,1	45,8	40,6
Vor-u.Zwischenkredite (e. Sonst. D.)	10,69	14,71	17,66	27,7	33,1	37,0	35,7
Bauspardarlehen (o. Zwischenkredite)	24,01	41,16	64,70	88,1	106,1	106,1	94,2
Hypothekarkredite einschl. BSp.-Darl.	161,71	226,96	302,90	399,1	487,2	563,0	610,9
Sonst. Kredite einschl. BSp.-ZwiFin.	32,59	58,51	89,46	159,7	224,4	263,8	290,5
Insges.(ohne Vers.,einschl.Bausp.)	194,30	285,47	392,36	558,8	711,6	826,9	901,4
Versicherungen (Hypo-Kredite)	17,29	25,43	32,97	43,1	59,9	70,0	78,0
Kredite insgesamt 1)	211,59	310,90	425,33	601,8	771,5	896,8	979,4

1) Quelle: Bankenstatistik Dt. Bundesbank (Statistische Beihefte,Reihe 1), ergänzende Angaben für Bausparkassen und Versicherungen vgl. Monatsbericht.

FSC
www.fsc.org
MIX
Papier | Fördert gute Waldnutzung
FSC® C083411

Kolibri 360 GmbH
Ferdinand-Jühlke-Straße 7
99095 Erfurt, Deutschland
produktsicherheit@kolibri360.de

Druck:
CPI Druckdienstleistungen GmbH
im Auftrag der
Kolibri 360 GmbH
Ferdinand-Jühlke-Str. 7
99095 Erfurt